消防官のための
憲法入門
【消防昇任試験対策　模擬問題150問付】

消防大学校客員教授　関　東一　著

近代消防社　刊

はしがき

　日本国憲法は国家の統治組織および統治作用に関する基本法であり、各般の法令の頂点に立つ最高法規であることから、消防職員が公務員としてその職務を執行するにあたっては、この憲法を尊重し、擁護することが義務づけられている。

　このことは、消防法令に基づいて執行される消防行政の場において、その解釈・適用にあたっても、この憲法の趣旨を尊重しなければならないことをも意味し、そのためには、例えば、消防実務におけるいわゆる「再命令」や「再告発」が憲法第39条後段の二重処罰禁止の原則に反しない理由など、憲法の内容や趣旨を最小限度理解しておくことが要請される。

　このようなことから、本書では、憲法の規定のうち、必要と思われる事項について、できるだけわかりやすく解説し、あわせて、各節ごとに模擬問題を設け、その理解度のチェックを図ることとした。

　本書が消防学校の教材あるいは消防実務上の参考図書として、さらには昇任試験対策書として、憲法の理解に少しでもお役に立てるところがあれば幸いである。

　なお、本書の編集および索引等の作成等については、近代消防社の三井栄志社長に大変お世話をいただいた。ここに記して、厚くお礼を申し上げたい。

　平成26年立春　中成沢の小庵にて

　　　　　　　　　　　　　　　　　　　　　　　　　著　者

目　次

はしがき

第1部　序　説
1　憲法の意義と種類……………………………………… 11
2　日本国憲法の基本原理………………………………… 13
3　日本国憲法の制定経緯………………………………… 16
4　三権分立主義（権力分立制）………………………… 18
5　国家の概念……………………………………………… 20
6　憲法上の国民の意義と要件…………………………… 22

第2部　天　皇
1　天皇の地位……………………………………………… 27
2　皇位の継承……………………………………………… 29
3　天皇の権限……………………………………………… 30
4　皇室経済………………………………………………… 36

第3部　戦争の放棄
1　戦争の放棄の内容（第9条第1項）………………… 43
2　戦力の不保持の内容（第9条第2項前段）………… 44
3　交戦権の否認の内容（第9条第2項後段）………… 46

第4部　基本的人権
〔1〕総　説………………………………………………… 51
1　基本的人権の意義と特性……………………………… 51
2　基本的人権の限界……………………………………… 52
3　基本的人権の体系的分類……………………………… 54
4　公務員の特別権力関係と基本的人権との関係……… 57
〔2〕自由権（精神的自由）……………………………… 62
1　思想・良心の自由……………………………………… 62

2	信教の自由	64
3	集会・結社の自由	68
4	表現の自由	72
5	学問の自由	78

〔3〕**自由権（経済的自由）** 83
1 居住・移転、外国移住の自由 83
2 職業選択の自由 86
3 財産権の保障 89

〔4〕**自由権（人身（身体）の自由）** 93
1 奴隷的拘束および苦役からの自由 93
2 法定手続の保障（適正手続の保障） 94
3 不法な逮捕および抑留・拘禁からの自由 96
4 不法な侵入、捜索、押収からの自由 97
5 刑事裁判における被告人の権利 100

〔5〕**社会権** 116
1 生存権 116
2 教育を受ける権利 119
3 勤労の権利 121
4 労働基本権 122

〔6〕**受益権** 133
1 裁判を受ける権利（裁判請求権） 133
2 損害賠償請求権 134
3 刑事補償請求権 135
4 請願権 136

〔7〕**参政権** 141
1 参政権の意義、選挙権の性格および選挙に関する基本原則 141
2 参政権の内容 142

〔8〕**国民の義務** 151
1 国民の一般的・基本的義務 151
2 国民の個別的義務 151

第5部　国　会

- 〔1〕国会の地位 …………………………………………… 157
  - 1　国権の最高機関としての地位 ………………………… 157
  - 2　国の唯一の立法機関としての地位 …………………… 158
  - 3　国民の代表機関としての地位 ………………………… 159
- 〔2〕国会の構成 …………………………………………… 161
  - 1　二院制 …………………………………………………… 161
  - 2　衆議院と参議院との関係 ……………………………… 161
  - 3　衆議院の優越性 ………………………………………… 162
- 〔3〕国会議員の地位・権能・特権等 …………………… 166
  - 1　国会議員の地位 ………………………………………… 166
  - 2　国会議員の権能 ………………………………………… 166
  - 3　国会議員の特権 ………………………………………… 168
- 〔4〕国会の活動 …………………………………………… 173
  - 1　国会の活動 ……………………………………………… 173
  - 2　衆議院の解散 …………………………………………… 177
  - 3　参議院の緊急集会 ……………………………………… 179
- 〔5〕国会の権能 …………………………………………… 185
  - 1　立法に関する権能 ……………………………………… 185
  - 2　一般国務に関する権能 ………………………………… 190
  - 3　財政に関する権能 ……………………………………… 191
- 〔6〕両議院（各議院）の権能 …………………………… 196
  - 1　各議院が共通して有する権能 ………………………… 196
  - 2　衆議院のみが有する権能 ……………………………… 200
  - 3　参議院のみが有する権能 ……………………………… 200
  - 4　両議院の関係 …………………………………………… 200

第6部　内　閣

- 〔1〕内閣の地位 …………………………………………… 209
  - 1　内閣の意義 ……………………………………………… 209
  - 2　内閣の地位 ……………………………………………… 209

3　議院内閣制‥‥‥‥‥‥‥‥‥‥‥‥‥‥‥‥‥‥‥‥‥　210
　〔2〕内閣の組織‥‥‥‥‥‥‥‥‥‥‥‥‥‥‥‥‥‥‥‥‥‥　213
　　1　内閣の構成員‥‥‥‥‥‥‥‥‥‥‥‥‥‥‥‥‥‥‥‥　213
　　2　内閣総理大臣の地位と権限‥‥‥‥‥‥‥‥‥‥‥‥‥‥　214
　　3　国務大臣の地位と権限‥‥‥‥‥‥‥‥‥‥‥‥‥‥‥‥　216
　　4　閣議‥‥‥‥‥‥‥‥‥‥‥‥‥‥‥‥‥‥‥‥‥‥‥‥　217
　　5　内閣のもとにおける行政機関‥‥‥‥‥‥‥‥‥‥‥‥‥　217
　　6　内閣の成立‥‥‥‥‥‥‥‥‥‥‥‥‥‥‥‥‥‥‥‥‥　218
　　7　内閣の総辞職‥‥‥‥‥‥‥‥‥‥‥‥‥‥‥‥‥‥‥‥　218
　〔3〕内閣の権能と責任‥‥‥‥‥‥‥‥‥‥‥‥‥‥‥‥‥‥　223
　　1　内閣の権能‥‥‥‥‥‥‥‥‥‥‥‥‥‥‥‥‥‥‥‥‥　223
　　2　憲法第73条以外の職務‥‥‥‥‥‥‥‥‥‥‥‥‥‥‥‥　225
　　3　内閣の責任‥‥‥‥‥‥‥‥‥‥‥‥‥‥‥‥‥‥‥‥‥　226

第7部　裁判所
　〔1〕司法権‥‥‥‥‥‥‥‥‥‥‥‥‥‥‥‥‥‥‥‥‥‥‥　233
　　1　司法権の意義‥‥‥‥‥‥‥‥‥‥‥‥‥‥‥‥‥‥‥‥　233
　　2　司法権の範囲‥‥‥‥‥‥‥‥‥‥‥‥‥‥‥‥‥‥‥‥　233
　　3　司法権の限界‥‥‥‥‥‥‥‥‥‥‥‥‥‥‥‥‥‥‥‥　234
　〔2〕裁判所の組織と権能‥‥‥‥‥‥‥‥‥‥‥‥‥‥‥‥‥　238
　　1　裁判所の種類‥‥‥‥‥‥‥‥‥‥‥‥‥‥‥‥‥‥‥‥　238
　　2　特別裁判所の禁止‥‥‥‥‥‥‥‥‥‥‥‥‥‥‥‥‥‥　238
　　3　行政機関による終審裁判の禁止‥‥‥‥‥‥‥‥‥‥‥‥　238
　　4　最高裁判所の構成と権限‥‥‥‥‥‥‥‥‥‥‥‥‥‥‥　239
　　5　下級裁判所の構成と権限‥‥‥‥‥‥‥‥‥‥‥‥‥‥‥　240
　〔3〕司法権の独立‥‥‥‥‥‥‥‥‥‥‥‥‥‥‥‥‥‥‥‥　242
　　1　司法権の独立の意義‥‥‥‥‥‥‥‥‥‥‥‥‥‥‥‥‥　242
　　2　裁判官の身分保障‥‥‥‥‥‥‥‥‥‥‥‥‥‥‥‥‥‥　242
　〔4〕違憲立法審査権‥‥‥‥‥‥‥‥‥‥‥‥‥‥‥‥‥‥‥　247
　　1　違憲立法審査権の意義‥‥‥‥‥‥‥‥‥‥‥‥‥‥‥‥　247
　　2　違憲立法審査権の趣旨（理論的根拠）‥‥‥‥‥‥‥‥‥　247

       3　審査権の主体……………………………………… 248
       4　審査の対象………………………………………… 248
       5　違憲判決の効力…………………………………… 249
       6　法令の違憲性を審理する手続…………………… 250
    〔5〕裁判の公開………………………………………… 253

第8部　財政制度
    1　財政処理の基本原則………………………………… 257
    2　財務に対する国会の権限…………………………… 257
    3　公金支出の制限……………………………………… 263

第9部　地方自治
    1　地方自治の基本原則………………………………… 269
    2　地方公共団体の意義・種類等……………………… 270
    3　地方公共団体の組織………………………………… 272
    4　地方公共団体の権能………………………………… 273
    5　条例…………………………………………………… 274

第10部　憲法の改正および憲法の最高法規性
    〔1〕憲法の改正………………………………………… 283
       1　憲法改正の意義…………………………………… 283
       2　憲法改正の手続…………………………………… 283
       3　憲法改正の限界…………………………………… 285
    〔2〕憲法の最高法規性………………………………… 290
       1　基本的人権の本質と憲法の最高法規性の根拠… 290
       2　憲法の最高法規性の宣明とその保障…………… 290
       3　条約および確立された国際法規の遵守………… 291

模擬問題の解答……………………………………………… 293
索引…………………………………………………………… 297

第 1 部

序　説

消防官のための
憲 法 入 門
【消防昇任試験対策　模擬問題150問付】

1 憲法の意義と種類

1 憲法の意義

憲法とは、国家統治の組織および統治作用に関する基本的な事項を定めた法、すなわち基本法のことであるが、憲法の性質から、「固有の意義の憲法」と「近代的意義の憲法」に分けられ、憲法の存在形式という観点から、「実質的意義の憲法」と「形式的意義の憲法」に分けられる。

(1) 固有の意義の憲法

固有の意義の憲法とは、国家の構成要素（領域、国民および統治権）や統治組織および統治作用に関する基本的事項を定めた基本法をいい、このような意味の憲法は、国家のあるところに必ず存在するもので、このような憲法をもたない国はあり得ない。

(2) 近代的意義の憲法

近代的意義の憲法とは、自由主義的政治思想を背景として、国民の基本的人権を保障し、三権分立を定め、議会制度を採用した近代的な国家の基本法をいい、日本国憲法は、近代的意義の憲法に属する。

(3) 実質的意義の憲法

実質的意義の憲法とは、成文（条文化されているもの）、不文（条文化されていないもの）の形式を問わず、およそ実質的にみて国家の基本法としての内容をもっているものをいい、イギリス憲法がその適例である。

(4) 形式的意義の憲法

形式的意義の憲法とは、国家の法令の中で、憲法という名称をもった成文の基本法をいい、日本国憲法は形式的意義の憲法に属する。

以上のことから、日本国憲法は、近代的意義の憲法と形式的意義の憲法に該当することになる。

2 憲法の種類

憲法は、おおむね次の三つに分類される。

(1) 成文憲法と不文憲法

　これは、法の形式からみた分類で、成文化（条文化）された法典の形式をとっているものを成文憲法といい、成文化されていないものを不文憲法という。現代の国家のほとんどは成文憲法をもっており、イギリスは不文憲法の国家である。

(2) 硬性憲法と軟性憲法

　これは、憲法の改正手続の難易を基準とした分類で、硬性憲法とは、その改正手続が、一般の法律とくらべ慎重、かつ、厳格なものをいい、憲法の継続性と安定性を確保することを目的としている。日本国憲法や米国憲法などがこれに属する。一般に成文憲法は、硬性憲法である場合が多い。

　軟性憲法とは、一般の法律と同じ手続きで改正できる憲法をいい、事情の変化に容易に対応できる点に特色をもつ。イギリスのように憲法典をもたない国では、常にその憲法は軟性である。

　しかし、国家の基本的な法秩序の継続性・安定性を維持するために硬性憲法の性質をもつものが一般である。

(3) 欽定憲法、民定憲法、協約憲法、条約憲法

　これは、憲法の制定手続を基準とした分類である。

ア　欽定憲法

　欽定憲法とは、君主が単独の意思で制定した憲法をいう。君主主権主義の思想に由来するもので、明治憲法や1814年のフランス憲法などがこれに属する。

イ　民定憲法

　民定憲法とは、国民が直接に、またはその代表者を通じて間接的に制定する憲法をいう。国民主権主義の思想に由来するもので、日本国憲法やアメリカ諸州の憲法、1946年のフランス憲法などがこれに属する。

ウ　協約憲法

　協約憲法とは、君主と国民との協約によって制定される憲法をいう。君主

主権主義と国民主権主義との妥協に基づくもので、1830年のフランス憲法がこれに属する。

エ　条約憲法

条約憲法とは、多数の国家が結合して新たに連邦制国家を組織する場合に、これらの国家間の合意によって制定される憲法をいう。アメリカ合衆国憲法、1871年の北ドイツ連邦憲法（ビスマルク憲法）などがこれに属する。

> 【模擬問題①】
> 　次は憲法の種類に関する記述であるが、誤っているものはどれか。
> (1)　日本国憲法は民定憲法である。
> (2)　日本国憲法は硬性憲法である。
> (3)　日本国憲法は欽定憲法である。
> (4)　日本国憲法は成文憲法である。
> (5)　日本国憲法は近代的意義の憲法である。

2 日本国憲法の基本原理

日本国憲法は、前文と本文（11章103条）から構成されているが、その基本原理は、①国民主権主義、②基本的人権尊重主義および③平和主義である。すなわち、①については、前文と本文第1条において、②については、前文と本文第3章において、そして③については、前文と本文第9条等で明らかにされている。

1　国民主権主義

国民主権主義とは、国家の政治のあり方を最終的に決定する力（主権）が全体としての国民にあるという原理のことである。

日本国憲法は、その前文の第1段において、「ここに主権が国民に存する

ことを宣言し」とうたうとともに、第1条において、天皇の地位が「主権の存する日本国民の総意に基づく」と定め、主権が国民にあることを明示している。

なお、前文第1段は、国民が憲法の制定者であること、国民主権が人類普遍の原理であり、これに反する一切の憲法、法令および詔勅を排除することを明らかにしている。

また、天皇の地位については、「日本国および日本国民統合の象徴である」とし（第1条）、その権能の行使については、内閣が全責任を負うことになっている（第3条）。

2 基本的人権尊重主義

基本的人権とは、人間が生まれながらにしてもっている固有、かつ不可侵の基本的権利を意味する。すなわち、国家から恩恵として与えられた権利ではなく、人間が人間として当然に有する権利であって、国家が奪うことを許されないものである。

前文第1段は、「わが国全土にわたって自由のもたらす恵沢を確保」することが憲法の目的であることを述べ、第2段で、「専制と隷従、圧迫と偏狭を地上から永遠に除去しよう」という理想を強調し、この憲法が基本的人権尊重主義をとっていることを明らかにしている。

さらに、本文第11条において、「国民は、すべての基本的人権の享有を妨げられない。この憲法が国民に保障する基本的人権は、侵すことのできない永久の権利として、現在及び将来の国民に与えられる」と定めて基本的人権の不可侵をうたい、また、第13条では、「すべての国民は、個人として尊重される。生命、自由及び幸福追求に対する国民の権利については、公共の福祉に反しない限り、立法その他の国政の上で、最大の尊重を必要とする」と規定し、個人の尊重と生命、自由、幸福追求に対する国民の権利の尊重が強調されているが、このような総則的規定に続き、第14条以下において、具体的に各般の権利・自由の保障が定められている。

なお、憲法を国の最高法規と位置づけていること（第98条第1項）や裁判所に法令審査権を与えること（第81条）によって、基本的人権の保障を制度的により完全なものとするよう意図されている。

3　平和主義

憲法前文は、その第1段において、憲法制定の目的が「政府の行為によって再び戦争の惨禍が起ることのないようにする」ことにあることを宣言するとともに、第2段で、「日本国民は、恒久の平和を念願し、……平和を愛する諸国民の公正と信義に信頼して、われらの安全と生存を保持しようと決意した……われらは、全世界の国民が、ひとしく恐怖と欠乏から免かれ、平和のうちに生存する権利を有することを確認する」と明言して平和主義をうたい、これを受けて本文第9条にいわゆる戦争放棄条項が設けられている。

さらに前文は、その第3段において、「何れの国家も、自国のことのみに専念して他国を無視してはならない」ことを明示し、これを受けて第98条第2項は、「日本国が締結した条約および確立された国際法規は、これを誠実に遵守することを必要とする」と定め、平和主義の一環として国際協調主義をもうたっている。

※　**日本国憲法の基本原理**について、憲法の教科書等の大半は、以上の三つを挙げているが、このほかに権力分立主義を加えるもの、さらには地方分権主義等を加えるものもみられるが、殊に権力分立主義については、国の立法権、行政権および司法権をそれぞれ国会、内閣および裁判所に分属させ、相互に抑制、均衡させることによって権力の濫用を防止し、国民の権利・自由を保証しようとするもので、近代憲法上重要な原理とされている。

【模擬問題②】

次は日本国憲法の基本原理に関する記述であるが、誤っているものはどれか。

(1)　国民主権主義

(2) 国際協調主義
(3) 基本的人権尊重主義
(4) 平和主義
(5) 天皇象徴主義

3 日本国憲法の制定経緯

(1) **明治憲法**

　大日本帝国憲法（以下「明治憲法」という。）は、我が国最初の近代成文憲法であり、明治天皇の名で、明治22年2月11日に制定された。

　明治憲法は、立憲君主制をとるプロシヤ憲法を模範として制定され、民主主義、自由主義的な要素も取り入れてはいたが、天皇を主権者として、君主主義的要素の強いものであった。そして、天皇が統治権を総攬し、立法については帝国議会が協賛し、司法については天皇の名において行い、その他については国務大臣が輔弼（ほひつ）することとされていた。

　また、国民の権利や自由もある程度保障されていたが、法律などによって制限することが可能であった。

(2) **日本国憲法の成立**

　明治憲法は、大東亜戦争の敗戦とポツダム宣言の受諾によって、その存立の基盤を失うことになった。ポツダム宣言には、民主主義に対する障害の除去、基本的人権の尊重、国民の自由な意思による政府の樹立などが含まれており、その実現のためには、明治憲法の存続が不可能となったからである。

　我が国を占領した連合国軍総司令部は、日本政府に対し憲法の改正を指示したが、政府の改正案は明治憲法の基本原則をそのまま維持し、若干の修正を加えたものにすぎなかった。

　このため、総司令部は、みずから憲法草案を起草し、いわゆる「マッカー

サー草案」として日本政府に提示した。政府は、この草案を受け入れ、これをもとに、明治憲法の全部を改正する案（帝国憲法改正案）を作成し、明治憲法の改正手続に従って、天皇の名で、昭和21年6月20日第90回帝国議会に提出し、若干の修正を経て同年10月7日に成立した。

そして、日本国憲法は、同年11月3日に公布され、公布の日から起算して6か月を経過した昭和22年5月3日に施行されたのである。

なお、日本国憲法は、明治憲法の「改正」という形をとっているが、実質的には新たな憲法の制定ということができよう。憲法の改正とは、その憲法の基本原則を維持したうえで、内容の一部を変更することを意味するが、日本国憲法が明治憲法の天皇主権を改めて国民主権としたことは、明らかに「改正」の限界を超え、明治憲法との同一性が失われたことになるからである。

【模擬問題③】
次は日本国憲法の制定に関する記述である。誤っているものはどれか。
(1) 日本国憲法制定の契機は、ポツダム宣言の受諾にある。
(2) 明治憲法の改正案は、いわゆる「マッカーサー草案」に基づいて作成されたものである。
(3) 日本国憲法は、明治憲法の改正という形式で制定されている。
(4) 日本国憲法は、実質上、明らかに明治憲法の改正の限界を超えたものである。
(5) 日本国憲法は、明治憲法の改正ではなく、全く新たな憲法として制定されている。

4 三権分立主義（権力分立制）

1 意義

　三権分立主義とは、国家の権力（統治権）の作用である立法権、行政権および司法権をそれぞれ別個の機関に分属（担当）させ、相互に抑制させ、均衡を保たせることによって権力の濫用を防止し、国民の権利・自由を保障しようとする制度である。

　日本国憲法は、国会は国権の最高機関であるとともに、国の唯一の立法機関であると規定し（第41条）、また、行政権は内閣に属すると定め（第65条）、さらに司法権は最高裁判所及び法律の定めるところにより設置する下級裁判所に属すると規定して（第76条第1項）、立法権は国会に、行政権は内閣に、そして司法権は裁判所に分属させ、三権分立制をとっている。

2 三権の抑制関係

(1) 国会と内閣との関係

　日本国憲法は、内閣が国会の信任を得て成立、存続し、国会に対して責任を負うという議院内閣制を採用し、内閣に対する国会の統制として、①国会が国会議員の中から議決で内閣総理大臣を指名すること（第67条第1項）、②国務大臣の過半数は、国会議員の中から選ばなければならないこと（第68条第1項）、③内閣は行政権の行使について、国会に対して連帯責任を負うこと（第66条第3項）、④衆議院が内閣不信任の決議を可決し、または信任の決議を否決したときは、10日以内に衆議院を解散するか総辞職をしなければならないこと（第69条）、⑤内閣総理大臣が欠けたとき、または衆議院議員総選挙後に初めて国会の召集があったときは、内閣は総辞職をしなければならないこと（第70条）、⑥両議院の国政調査権は、内閣の行政権に対して行使できること（第62条）等が規定されている。

　これに対し、内閣は衆議院の解散を決定する権限を有し（第69条）、これによって両者の相互抑制が図られている。

(2) 国会と裁判所との関係

国会は、弾劾（だんがい）裁判所を設置して、非行等のあった裁判官を罷免する裁判を行うことができる（第64条、第78条）。これに対し裁判所は、国会によって制定された法律が憲法に適合しているか否かを審査する法令審査権をもっており、これらの権限によって両者相互間の抑制が図られている。（第81条）。

(3) 内閣と裁判所との関係

内閣は、最高裁判所長官以外のすべての裁判官の任命権および裁判によって有罪判決を受けた受刑者に対する恩赦権をもっている（第79条、第73条）。これに対し裁判所は、行政機関の処分等の違憲性や違法性について審査する法令審査権をもっており（第81条）、これらの権限によって両者相互間の抑制が図られている。

【模擬問題④】

三権分立主義に関する次の記述のうち、誤っているものはどれか。
(1) 三権分立主義は、基本的人権の尊重を保証するための統治制度である。
(2) 内閣総理大臣は、国会議員の中から国会の議決で指名される。
(3) 国会の両議院は、内閣の行政権の行使について国政調査をすることができる。
(4) 衆議院で内閣不信任決議が可決されたときは、内閣は必ず衆議院を解散しなければならない。
(5) 最高裁判所長官以外のすべての裁判官は、内閣によって任命される。

5 国家の概念

1 国家の意義

国家とは、一定の領域、国民および統治権を構成要素とする法的に組織された統一的団体である。

2 国家の構成要素

国家は一定の領域、国民および統治権によって構成されるが、分説すると次のとおりである。

(1) 領域

領域とは、国家が統治権を行使することができる一定の地域をいい、領土（陸地）、領海および領空がこれに含まれる。

領海の範囲は、国際法で定められている。従来、海岸線から3海里（1海里は約1,850メートル）とされていたが、現在では、12海里を超えない限度で領海を定める権利を有するものとされ（1964年発効の「領海及び接続水域に関する条約」）、多くの国は、12海里と定めている。我が国も、領海法（昭和52年法律第30号）に基づき12海里を採用している。

なお、近時主要諸国は、200海里の経済・漁業水域を設けているが、まだ、国際法上領海とは認められていない。我が国も、「漁業水域に関する暫定措置法」（昭和52年法律第31号）に基づき200海里の漁業水域を宣言している。

領空とは、領土と領海の上方空間をいい、物理的あるいは技術的な方法で支配権が及ぶ限り領空であるとされている。

(2) 国民

国民とは、国家を構成する人々をいい、その国民としての資格の有無および範囲は国籍法（昭和25年法律第147号）によって定められている。

(3) 統治権

統治権とは、国家の意思を示すことばで、国家が国家として当然に有する固有の支配権をいい、国権（国家の権力）ともいう。日本国憲法第41条の「国

権の最高機関」という場合の国権はこれにあたる。

3　国家の形態
国家の形態は、一般に国体と政体に分けられる。

(1)　国体
国体とは、だれが国家の統治権者であるかという観点からみた国家の形態をいう。君主ひとりが統治権を有する国体を君主国体（君主制）といい、統治権が国民全体にある国家を民主国体（共和制）という。明治憲法下における我が国の国体は君主国体であったが、日本国憲法下における我が国の国体は民主国体である。

(2)　政体
政体とは、統治権者がどのような方法で統治権を行使するかという観点からみた国家の形態をいう。三権分立主義を採用せず、統治権者が自己の意思のみに従って統治権を行使する制度を専制政体（専制制）といい、統治権者が憲法に従い、三権分立主義に基づいて統治権を行使する制度を立憲政体（立憲制）という。日本国憲法下における我が国の政体は立憲政体である。

【模擬問題⑤】
次の記述は、国家に関するものである。誤っているものはどれか。
(1)　国家は一定の領域、国民および統治権によって構成されている。
(2)　領海は海岸線から3海里の範囲である。
(3)　日本国憲法下における我が国の政体は立憲政体である。
(4)　国家の統治権とは、国家が当然に有する固有の支配権である。
(5)　国体とは、だれが国家の統治権者であるかという観点からみた国家の形態である。

6 憲法上の国民の意義と要件

1 国民の意義

憲法上国民という言葉は、次の三つの意味に用いられている。

(1) 主権者を意味する場合

この意味での国民は、政治のあり方を最終的に決定する自然人としての国民の総体を指し、個々の国民が主権者であることを意味しない。憲法前文や第1条の「国民」はこの意味での国民である。

なお、象徴たる地位にある天皇はこれに含まれない。

(2) 国家を構成する個人（国家構成員）を意味する場合

最も広い意味での国民であり、天皇、皇族、未成年者などもすべて含まれる。憲法第10条にいう「日本国民」は、国家構成員としての個々の国民を指す。

(3) 国家機関を意味する場合

この意味での国民は、国家機関として、憲法の規定に基づき、国家意思の形成に参加する資格、すなわち参政権を有する個々の国民を指し、憲法第15条第1項、第79条第2項、第96条第1項等にいう国民はこれにあたる。

なお、国家機関としての国民から未成年者、成年被後見人、選挙犯罪者などは除かれる。

2 国民の要件

国民の要件とは、国家構成員としての資格（国籍）を与えられるための要件をいう。

日本国憲法は、「日本国民たる要件は、法律で定める。」と規定し（第10条）、これに基づいて国籍法が制定されている。その概要は、次のとおりである。

(1) 国籍の取得

国籍を取得する方法には、先天的取得（出生）と後天的取得（帰化）とがある。

ア 先天的取得

生まれながらに日本国籍を取得できる場合（国籍法第2条）
① 出生の時に父または母が日本国民であったとき。
② 出生前に死亡した父が死亡の時に日本国民であったとき。
③ 日本で生まれた場合において、父母がともに知れないとき、または国籍を有しないとき。

イ　後天的取得
(ア)　普通帰化
　日本国民でない者（以下「外国人」という。）は、次に掲げる条件に該当する場合で、法務大臣の帰化の許可を得た場合に日本の国籍を取得することができる（国籍法第4条、第5条）。
① 引き続き5年以上日本に住所を有すること。
② 20歳以上で本国法によって行為能力を有すること。
③ 素行が善良であること。
④ 自己または生計を一にする配偶者その他の親族の資産または技能によって生計を営むことができること。
⑤ 国籍を有せず、または日本の国籍の取得によってその国籍を失うべきこと。
⑥ 日本国憲法施行の日以後において、日本国憲法またはその下に成立した政府を暴力で破壊することを企て、もしくは主張し、またこれを企て、もしくは主張する政党その他の団体を結成し、もしくはこれに加入したことがないこと。

(イ)　特別帰化
　次の条件の一つに該当する外国人で現に日本に住所を有するものは、普通帰化条件である「引き続き5年以上日本に住所を有すること」に該当しない場合であっても、法務大臣の許可を得ることにより帰化することができる（国籍法第6条）。
① 日本国民であった者の子（養子を除く。）で引き続き3年以上日本に住

所または居所を有するもの
② 日本で生まれた者で引き続き3年以上日本に住所もしくは居所を有し、またはその父もしくは母（養父母を除く。）が日本で生まれたもの
③ 引き続き10年以上日本に居所を有する者

(2) **国籍の喪失**

日本国民は、次の要件に該当する場合に日本の国籍を失う。
① 自己の志望により外国の国籍を取得したとき（国籍法第11条）。
② 外国で生まれたことによってその国の国籍を取得した日本国民で、国籍法の定めるところにより、日本の国籍を留保する意思を表示しないとき（同法第12条）。
③ 外国の国籍を有する日本国民が法務大臣に届け出るとき（同法第13条第2項）。

【模擬問題⑥】

憲法上の国民に関する次の記述のうち、誤っているものはどれか。
(1) 主権者としての国民とは、個々の国民が主権をもっていることを意味する。
(2) 日本国民の要件は、国籍法の定めるところによる。
(3) 最も広い意味での国民は、国家構成員としての国民である。
(4) 国家機関としての国民は、個々の国民を指す。
(5) 主権が国民にあるということは、国民の総体（全体）が主権者であることを意味している。

第 2 部

天　　皇

消防官のための
憲 法 入 門
【消防昇任試験対策　模擬問題150問付】

1 天皇の地位

1 天皇の象徴としての地位

日本国憲法は天皇の地位について、「天皇は、日本国の象徴であり、日本国民統合の象徴である」と定める。

「象徴」とは、目に見えない抽象的あるいは無形的なものを具体的あるいは有形的なものによって具体的に表現する（体現する）ことをいう。例えば、「純潔」という抽象的な言葉は「白百合」という具体的なもの（花）によって具体的に表現され、また、「平和」という抽象的な言葉は、「鳩」という具体的なもの（鳥）によって具体的に表現されることから、白百合は純潔の象徴であり、また、鳩は平和の象徴であるとされている。

したがって、天皇が「日本国の象徴である」ということは、日本国の存立とその性格が天皇によって体現されていることを意味し、また、「日本国民統合の象徴である」ということは、日本国民がお互いに結び合って一体となっている姿が、天皇によって体現されていることを意味している。

国会開会式で「お言葉」を述べられる行為、全国戦没者追悼式で「お言葉」を賜う行為、外国元首と親書・親電を交換する行為、国内巡幸などは天皇の象徴としての地位に基づく公的な行為とされている。

2 天皇の象徴としての地位の根拠

明治憲法では、天皇の地位は天照大神（あまてらすおおみかみ）の意思、つまり神勅に基づくものとされていたが、日本国憲法においては、天皇の地位は、「主権の存する日本国民の総意に基く」（第1条）ものとされている。このことは、天皇の地位は絶対的なものではなく、国民の総意という法的な基盤を失えば変動を余儀なくされることを意味する。

したがって、憲法の改正によって天皇制を廃止することは、現実的にはともかくとして、法的には可能であると解されている。

3 天皇の地位の元首性と君主性

(1) 天皇の地位の元首性

　明治憲法は、天皇は国の元首であると定めていたが、現行日本国憲法には、明文の規定がなく、学説上争いがある。

　元首の要件は、一般に、国内的には行政の首長であるとともに、国際的には外国に対してその国を代表する地位にあることが必要であるとされているが、現行日本国憲法のもとでは、行政の首長は内閣総理大臣であり（第66条第1項）、条約の締結権や外交関係の処理等対外的に日本国を代表する権能を有するものは、内閣である。

　したがって、天皇は元首の地位にないと解されている。

(2) 天皇の地位の君主性

　君主の主な要件は、①その地位が世襲であって、伝統的な権威を伴っていること、②統治権あるいは少なくとも行政権の一部を有していることとされているが、君主制が民主化され、君主の権能が形式化されてくるにつれて、②の要件はもはや不要であるという意見が有力となっており、この立場に立てば、天皇を君主と呼ぶことも可能であるとされている（芦部「憲法」44頁岩波書店）。

4　天皇の国事行為権者としての地位

　天皇は、憲法に定める一定の国事行為を行う国事行為権者としての地位にあるが（第4条第1項）、この国事行為権者としての天皇の地位は、その象徴としての天皇の地位から当然に派生するものではなく、象徴の地位とは別個に、憲法によって特に認められた地位である。

5　皇位の継承

　天皇の地位の継承について日本国憲法は、「皇位は世襲のものである」と規定し（第2条）、世襲制をとっている。

　皇位の継承等の皇室に関する事項は、皇室典範に定められ、皇位は皇統に属する男系の男子が継承し、女子の天皇即位は否定されている（皇室典範第1条）。

また、皇位が継承されるのは、天皇が崩御したときであり、天皇の生前退位は認められていない（同第4条）。

なお、皇室典範は、明治憲法のもとでは、憲法と対等の地位にある法規であったが、日本国憲法においては、国会の議決によって定められる通常の法律の形式をとっている。

2 皇位の継承

1 皇位継承の意義

皇位とは天皇の地位を指し、一定の法定原因である事実（現行皇室典範のもとでは、天皇の崩御のみ）が発生することによって、特定の者が皇位に就くことを皇位の継承という。皇位の継承は、継承者の意思に基づいて行われる法律行為ではなく、その原因となる事実が発生したことによって当然に行われる事実行為である。

2 皇位継承に関する原則

憲法第2条は、「皇位は、世襲のものであって、国会の議決した皇室典範の定めるところにより、これを継承する。」と規定し、皇位継承に関する憲法上の原則として、世襲主義と法定主義の二つを定めている。

(1) **世襲主義**

皇位世襲の原則とは、皇統に属する者が、血統上の権利に基づいて皇位に就くことをいう。この原則は憲法上のものであるから、法律によって変更することはできない。

(2) **法定主義**

憲法は、皇位世襲主義の原則を掲げるにとどめ、皇位継承の原因、資格、順序については、いずれも国会の定める皇室典範の定めるところにゆずっている。旧皇室典範は、皇室に関する事項については、国民および議会の関与することを斥け、いわゆる皇室自立主義の建前をとっていた。しかし、現行

の皇室典範は、名称は同一であっても、旧典範とその性質を異にし、皇室自立主義の建前を排して国会の議決に基づく法律の形式をとっている。
　皇室典範の主な規定は次のとおりである。
ア　皇位継承の原因
　皇位の継承は、天皇の崩御の場合に限られ（皇室典範第4条）、天皇の生前退位は認められていない。
イ　皇位継承の資格
　皇位は皇統に属する男系の男子が継承することになっている（皇室典範第2条）。また、皇位を伝えるのは皇族に限られ（同第2条）、しかも、嫡男系嫡出の子孫に限り、庶系庶出を認めていない（同第5条、第6条）。
ウ　皇位継承の順序
　皇位は、次の順序により伝えられる（皇室典範第2条）。
　①　皇長子→皇長孫→その他の皇長子の子孫→皇次子およびその子孫→その他の皇子孫→皇兄弟およびその子孫→皇伯叔父およびその子孫
　②　①に掲げた皇族がいないときは、皇位は、最近親の系統の皇族

3 天皇の権限

1　天皇の権能の性質

　日本国憲法は、「天皇は、この憲法の定める国事に関する行為のみを行い、国政に関する権能を有しない」（第4条第1項）と定める。
　ここで、「国政に関する権能」とは、国政という国家の意思を実質的に決定する行為を指す。このような政治的権能は、天皇の象徴としての地位と相容れない（矛盾する）ものとして否認されているものであるが、この制約は、公私を問わず天皇のすべての行為に及ぶと解されている。
　「国事に関する行為」（以下「国事行為」という。）とは、内閣や国会などの他の国家機関が内容的に決定したもので、国の政治に直接関係のない形式

的・儀礼的な事実行為をいい、具体的には憲法第6条および第7条に列挙されている。

2　天皇の国事行為

日本国憲法第6条および第7条に列挙されている天皇の国事行為は、次のとおりである。

(1)　**内閣総理大臣の任命（第6条第1項）**

天皇は、国会の指名に基づいて内閣総理大臣を任命する。すなわち、内閣総理大臣は、国会議員のなかから、国会の議決によって指名されるが（第67条第1項）、天皇が内閣（総辞職後の内閣）の助言により、形式的に内閣総理大臣を任命することになる。

なお、天皇は、内閣総理大臣を任命することができるだけで、罷免することはできない。

(2)　**最高裁判所長官の任命（第6条第2項）**

天皇は、内閣の指名に基づいて最高裁判所の長である裁判官（最高裁判所長官）を任命する。すなわち、最高裁判所長官は、内閣が指名し、内閣の助言に基づいて天皇が形式的に任命することになるが、この場合も最高裁判所長官を任命することができるだけで、罷免することはできない。

ちなみに、最高裁判所長官がその地位を失うのは、①執務不能の裁判および弾劾による罷免（第78条）、②国民審査による罷免（第79条第1項～第3項）、③定年による退官（第79条第5項）の場合に限定される。これらの場合は、いずれも当然にその地位を失うのであって、殊更に天皇の行為を必要としない。

(3)　**憲法改正、法律、政令および条約の公布（第7条第1項）**

憲法改正は、国会の発議した改正案を国民投票の結果国民が承認することによって成立し（第96条第1項）、また、法律は国会の議決により（第59条）、政令は内閣の決定により（第73条第6号）、条約は内閣の批准と国会の承認により（第73条第3号、第61条）それぞれ成立するが、このように、他の国

家機関によって成立したものを、天皇が、内閣の助言により形式的に国民に公布する。

(4) 国会の召集（第7条第2号）

「国会の召集」とは、各国会議員に対し一定の期日に特定の場所に集会することを命ずる行為をいう。国会は、常会（第52条）、臨時会（第53条）および特別会（第54条第1項）に分けられるが、いずれの場合にも、その召集は、実質的に内閣が決定し、内閣の助言により形式的に天皇が召集する。

(5) 衆議院の解散（第7条第3号）

「衆議院の解散」とは、衆議院議員の任期（4年）満了前に議員の資格を失わせる行為をいい、実質的に内閣が決定し、その助言により、形式的に天皇の詔書により行われる。

(6) 国会議員の総選挙の施行の公示（第7条第4号）

憲法上の「国会議員の総選挙」とは、衆議院議員の任期満了後に行われる総選挙（第45条）、衆議院の解散によって行われる総選挙（第54条第1項）、3年ごとに議員の半数について行われる参議院議員の通常選挙（第46条）の三つを指す。

なお、公職選挙法上の総選挙は、衆議院議員の総選挙のみを指す。「施行の公示」とは、一定の期日に総選挙を行うことを公示することをいい、内閣の助言により、天皇が形式的に詔書をもって行う。

(7) 国務大臣および法律の定めるその他の官吏の任免ならびに全権委任状および大使・公使の信任状の認証（第7条第5号）

「認証」とは、ある行為または事実の存在を確認し、公に証明することであるが、認証される行為の効力はすでに確定成立していることから、天皇の認証はその行為の成立要件ではない。したがって、認証を欠いてもその行為の効力に影響がないと解されている。

国務大臣は、内閣総理大臣がこれを任免し（第6条）、「法律の定めるその他の官吏」である最高裁判所判事（裁判所法第39条第3項）、高等裁判所長

官（同法第40条第2項）、検事総長・次長検事・検事長（検察庁法第15条第1項）、人事官（国家公務員法第5条第2項）、会計検査官（会計検査院法第4条第6項）、宮内庁長官・侍従長（宮内庁法第2条第2項、第4条第2項）、特命全権大使・特命全権公使（外務公務員法第8条、外務省設置法第21条）、公正取引委員会委員長（独禁法第29条第3項）などは内閣が任免し、いずれも天皇が形式的に認証する。任命に際し天皇の認証を必要とする官吏を認証官という。

「全権委任状」とは、特定の条約締結などの目的をもって外国に派遣される外交使節に対し、外国との交渉に関する全権を委任する文書をいい、大使・公使の「信任状」とは、外交使節として外国に派遣される大使・公使に対し信任を表示する文書をいう。これらの文書を発するのは内閣であるが、天皇が形式的にこれらを認証する。

(8) **大赦、特赦、減刑、刑の執行の免除および復権の認証（第7条第6号）**

「大赦」とは、政令で罪の種類を定め、一般に刑を免ずることをいう。有罪の言渡しを受けた者に対してはその刑の言渡しの効力を失わせ、有罪の言渡しを受けていない者に対しては公訴権を消滅させる（恩赦法第2条、第3条）。「特赦」とは、有罪の言渡しを受けた特定の者に対して、有罪の言渡しの効力を失わせることをいう（同法第4条、第5条）。「減刑」とは、刑の言渡しを受けた者に対し、政令で罪もしくは刑の種類を定めて刑を減刑もしくは刑の執行を減軽し、または刑の言渡しを受けた特定の者に対し、刑の減刑もしくは刑の執行を減軽することをいう（同法第6条、第7条）。「刑の執行の免除」とは、刑の言渡しを受けた特定の者に対し、刑の執行を免除することをいい（同法第8条）、「復権」とは、有罪の言渡しを受けたため法令の定めるところにより資格を喪失し、または停止された者に対し、資格を回復させることをいう（同法第9条、第10条）。

これらを総称して「恩赦」といい（同法第1条）、恩赦は、内閣が決定し（同法73条第7号）、天皇が形式的に認証する。

(9) **栄典の授与（第7条第7号）**

「栄典」とは、栄誉を表彰するため特定の者に対して与えられる特殊な待遇をいう。栄典の授与は、内閣で決定したものを天皇が儀礼的に行う。

(10) **批准書および法律の定めるその他の外交文書の認証（第7条第8号）**

「批准」とは、署名調印された条約を承認する行為で、批准を要する条約については、批准または批准書の交換などが条約の効力が発生するための要件となっている。条約の締結権は内閣がもっていることから（第73条第3号）、条約の批准権も内閣にあるが、内閣の作成する批准書については、天皇が形式的に認証する。

「法律の定めるその他の外交文書」としては、大使・公使の解任状、領事官の委任状、外国領事の認可状などがあるが、これらの文書は、全権委任状や信任状と同様、内閣が作成し、天皇が形式的に認証する（外務公務員法第9条、外国の領事官に交付する認可状の認証に関する法律）。

(11) **外国の大使・公使の接受（第7条第9号）**

「接受」とは、外国の大使・公使に儀礼として接見する事実行為である。

これは、外交辞令を受ける儀礼的な行為としての性質が強いため、天皇が行うこととしたものである。

(12) **儀式（第7条第10号）**

ここにいう「儀式」とは、国家的儀式、例えば、即位の礼、大喪の礼、立太子式その他国家的祝祭日における式典を指し、皇室一家の祭典は含まれない。

天皇の行うこれらの国事行為は、すべて形式的あるいは儀礼的な性質をもつとされている。このうち、例えば、内閣総理大臣の任命や衆議院の解散などは、それ自体国政に関するものであるが、国会や内閣など他の国家機関が実質的に決定権をもっているが故に、形式的・儀礼的なものとされている。

3　国事行為の要件

憲法第3条は、国事行為の要件について、「天皇の国事に関するすべての

行為には、内閣の助言と承認を必要とし、内閣がその責任を負う」と定めている。ここで、「内閣の助言と承認を必要とし」とは、内閣の意思に従って国事行為を行わなければならないという趣旨である。したがって、天皇の国事行為は、自らの意思で、単独に行うことは許されず、常に内閣の意思（助言）に基づいて行わなければならないことになる。

4　天皇の国事行為についての責任

　天皇の国事行為は、自らの意思で行うものではなく、内閣の助言（意思）に基づいて行われるものである以上、その責任は天皇にはなく、当然に内閣が負う。

　そして、この内閣の責任の性質は、天皇に代わって責任を負うという代位責任ではなく、助言という行為についての自己責任である。

　また、この内閣の責任は、国会（究極的には主権者である国民）に対する政治的責任であると解されている。

　このようにして、天皇の国事行為については、すべて内閣がその政治的責任を負い、天皇自身は一切責任がないことになっている。

　なお、国事行為以外の天皇の行為の責任については、憲法上明文の規定がない。しかし、刑事責任について、摂政は、その在任中訴追されないという皇室典範の規定（第21条）を類推し、天皇は当然に訴追されないと解されている。

5　国事行為の代行

　天皇の権能である国事行為は、天皇が成年（18年）に達しないとき、精神もしくは身体の重患または重大な事故により、自ら国事行為を行うことができないときに摂政によって代行される（憲法第5条、皇室典範第16条以下）。「摂政」は天皇の法定代理機関であり、天皇自ら国事行為を行うことができない場合に、天皇に代わって天皇の名で国事行為を行う機関である（憲法第5条）。

　摂政は、天皇のすべての国事行為を代行するが、日本国の象徴としての地

位は代行できない。

　摂政の行う国事行為についても、内閣の助言によって行われ、したがって、内閣がその責任を負う。

　摂政の設置（皇室典範第16条）、就任の順序（同第17条）、更迭（同第19条）、廃止（同第20条）、責任（同第21条）などについては、皇室典範に詳細な定めがある。

　摂政を置くほどでもない場合、例えば、海外旅行や長期にわたる病気などの場合は、「国事行為の臨時代行に関する法律」に基づき、臨時代行が国事行為を行うことになる（憲法第4条第2項）。臨時代行の順序は、摂政の場合と同様である（皇室典範第17条）。

6　国事行為以外の行為

　天皇は、国家機関として国事行為を行うほか、国会開会式で「お言葉」を述べられるとか外国元首との親書・親電の交換など公的な色彩の強い行為を行っている。これらの行為は、国事行為に属しないことは勿論、純然たる私的行為にも該当しないが、天皇の象徴としての地位に基づく公的な行為と認められ、国事行為に準じて内閣の補佐と責任のもとに行われている。

　なお、この種の公的な行為に属するものとしては、前掲の例のほか、国内巡幸、外国への公式訪問、外国元首の接受・接待、外国の国家儀式への参列、国民体育大会・植樹祭などへの出席、園遊会の開催その他の例がある。

4　皇室経済

1　皇室経済の民主化

　憲法は、「すべて皇室財産は、国に属する。すべて皇室の費用は予算に計上して国会の議決を経なければならない」（第88条）と規定する。

　明治憲法では、皇室経済自律主義の原則に基づき、議会が皇室経済に関与することが許されず、わずかに皇室経費を増額する場合にのみ議会の協賛が

必要とされていた（旧第66条）。これに対し日本国憲法は、国民主権主義の立場から皇室経済の民主化を図るため、皇室経済を国会のコントロールのもとに置くこととした。

「皇室財産」とは、天皇および皇族の所有する公産をいい、生活必需品などの純然たる私産はこれに含まれない。「皇室の費用」とは、内廷費（天皇とそのご一家の日常の費用などで、自由な使用が認められている）、宮廷費（儀式、行事、祭典などに要する費用で、公金として宮内庁が管理している）および皇族費（各皇族の生計に必要な費用で、各皇族の自由な経理にまかせられている）をいう。

2　皇族の財産授受

憲法は、「皇室に財産を譲り渡し、又は皇室が、財産を譲り受け、若しくは賜与することは、国会の議決に基づかなければならない」と規定し（第8条）、皇室の財産の授受を国会のコントロールのもとに置くことによって、皇室と外部との不明朗な結合を阻止し、皇室の政治的中立性の確保を図っている。ただし、通常の私経済行為（物品の売買など）や一会計年度における授受の価格が法律で定める一定の価格の範囲内である場合は、国会の議決を必要としない（皇室経済法第2条）。

【模擬問題⑦】

天皇の地位に関する次の記述のうち、誤っているものはどれか。

(1) 天皇は日本国の象徴である。
(2) 天皇の象徴としての地位は絶対的なものである。
(3) 現行法上、天皇の生前退位は認められていない。
(4) 天皇の国事行為権者としての地位は、象徴としての地位から当然に生ずる地位ではない。
(5) 天皇が外国の元首と親書や親電を交換する行為は、日本国の象徴としての行為とみなされている。

【模擬問題⑧】
　憲法に定められている天皇の国事行為として誤っているものは、次のうちどれか。
(1)　内閣総理大臣を任命すること。
(2)　国務大臣および法律の定めるその他の官吏の任免等を認証すること。
(3)　外国の大公使を接受すること。
(4)　衆議院議員の総選挙の施行を公示すること。
(5)　国会を召集すること。

【模擬問題⑨】
　天皇の国事行為に関する次の記述のうち、誤っているものはどれか。
(1)　天皇の国事行為は、国の政治に直接関係のない形式的・儀礼的な事実行為である。
(2)　天皇の国事行為に関する内閣の責任は、国会に対する政治責任である。
(3)　内閣は、天皇のすべての国事行為について責任を負うものではない。
(4)　天皇には、国事行為を行うか否かについての決定権がない。
(5)　天皇の国事行為に関する内閣の責任は、天皇の行為に対する代位責任ではなく、自己責任である。

【模擬問題⑩】
　摂政に関する次の説明のうち、誤っているものはどれか。
(1)　摂政は、国事行為に関する法定代理機関である。

(2)　天皇が成年（18年）に達しないときは、当然に摂政が置かれる。
(3)　天皇が精神もしくは身体の重患または重大な事故により、国事行為を自ら行うことができないときは、皇室会議の議により摂政が置かれる。
(4)　摂政は、天皇の名で国事行為を行う。
(5)　摂政は、天皇の象徴としての地位を代行する。

【模擬問題⑪】
　皇室経済に関する次の記述のうち、誤っているものはどれか。
(1)　すべての皇室財産は、国に属する。
(2)　皇室財産とは、天皇および皇族の所有するすべての財産をいう。
(3)　行幸などに要する宮廷費は、公金として宮内庁が管理する。
(4)　皇族の財産の授受は、国会の議決に基づかなければならない。
(5)　皇室の財産の授受について国会のコントロールのもとに置くこととされているのは、皇室の政治的中立性の確保を図ったものである。

第 3 部

戦争の放棄

日本国憲法前文にいう「日本国民は、恒久平和を念願し、……平和を愛する諸国民の公正と信義を信頼して、われらの安全と生存を保持しようと決意した」とする平和主義は、日本国憲法第9条によって具体化されている。すなわち、同条第1項は、「日本国民は、正義と秩序を基調とする国際平和を誠実に希求し」と戦争放棄の動機を表明し、そのうえで「国権の発動たる戦争と武力による威嚇又は武力の行使は、国際紛争を解決する手段としては、永久にこれを放棄する。」と定め、同条第2項は、「前項の目的を達するため、陸海軍その他の戦力は、これを保持しない。国の交戦権は、これを認めない。」としている。

　以下、戦争の放棄（第9条第1項）、戦力の不保持（第9条第2項前段）および交戦権の否認（第9条第2項後段）の内容について考える。

1 戦争の放棄の内容（第9条第1項）

　戦争放棄の主体は、日本国民であるが、この場合の「日本国民」とは、個々の国民ではなく、一体としての日本国民、具体的には日本政府を指す。「国権の発動たる戦争」とは、国家の行為としての戦争と同じ意味で、「戦争」とは、宣戦の布告によってその意思が表明され、国際法規の適用を受けるものを指す。

　「武力による威嚇」とは、現実には武力を行使しないが、武力を背景にして自国の主張を相手国に強要することである。1894年の独仏露の対日三国干渉などがこれにあたる。

　なお、「武力」そのものの意義は、実力の行使を目的とする人的および物的設備の綜合体を指すが、その意味では後述の第9条第2項にいう「戦力」と同じ意味である。

　「武力の行使」とは、宣戦布告をしないで行われる戦争、すなわち実質上（事実上）の戦争のことである。満州事変や日中戦争などがこれにあたる。

「国際紛争を解決する手段としての戦争」とは、従来の国際法上の通常の用語例（例えば、不戦条約第1条）や国際連合憲章第51条の趣旨から、不法な戦争、つまり侵略戦争を意味する。

したがって、本条第1項で放棄されているのは侵略戦争であり、自衛戦争や制裁戦争までは放棄されていないと解されることになる（A説）。これに対して、国際紛争を解決する手段としての戦争とそうでない戦争との区別は事実上困難であり、また、およそ戦争は、すべて国際紛争を解決するために行われるものであるから、自衛戦争を含む一切の戦争が放棄されているべきであるとする見解（B説）がある。しかし、そうであれば、本項（第1項）において殊更に「国際紛争を解決する手段として」などと断わる必要性がないはずである。

なお、A説に正当性が認められる理由として、次のようなことがあげられる。

① 不戦条約第1条や諸外国の憲法の中にも戦争放棄を定める規定がみられるが、自衛戦争までも放棄したものとは解されていないこと。
② 平和を愛する諸国民の公正と信義に信頼して国家の生存を維持し得るような国際情勢は現実には存在せず、第2次大戦後も、しばしば利己的な侵略戦争が発生していること。
③ 侵略戦争と自衛戦争の区別は、報道手段の発達した現在の世界監視の中では可能であること。
④ 一定の実力によらない自衛権の行使、例えば警察力の行使などでは有効な自衛手段とはなり得ないこと。

2 戦力の不保持の内容（第9条第2項前段）

憲法第9条第2項前段は、「前項の目的を達するため、陸海空軍その他の戦力は、これを保持しない。」と規定する。

ここにいう「前項の目的を達するため」の解釈については、①国際紛争を解決する手段としての戦争を放棄するため、つまり侵略戦争を放棄するという目的を達するためと解し、侵略戦争のための戦力を保持することは禁止されているが、自衛のための戦力を保持することは許されるとする説、②正義と秩序を基調とする国際平和を誠実に希求しという動機あるいは第9条第1項全体の目的を指し、自衛のための戦力を保持することも許されないとする説、また、③第9条第1項の規定は侵略戦争のみを放棄したもので、自衛戦争までも放棄したものではないという説をとりながらも、本項(第9条第2項)によって、戦力の保持と交戦権が否認されているため、結局、自衛戦争も許されないとする説(通説)がある。

本項前段に関する政府の解釈(見解)に先立って、自衛権について触れておきたい。

「自衛権」とは、外国からの急迫不正の侵害に対し、自国を防衛するために必要な一定の実力を行使する権利であって、国際法上の固有の権利(独立国家であれば当然に有する権利)である。そして、この自衛権は不戦条約第1条および国際連合憲章第51条によっても認められている。

憲法第9条もこの自衛権を否定するものではなく、最高裁判所は、いわゆる砂川事件判決において、「憲法9条により、わが国が主権国として持つ固有の自衛権は何ら否定されたものでなく、わが憲法の平和主義は決して無防備、無抵抗を定めたものではない。……わが国が自国の平和と安全を維持しその存立を全うするために必要な自衛のための措置をとりうることは、国家固有の機能の行使として当然のことといわなければならない。」と判示している(最判昭和34年12月16日刑集13巻13号3225頁)。

政府の解釈は、わが国にこのような自衛権があることを前提として、その自衛のために必要な最小限度の自衛力(実力)は、第9条第2項が禁止する戦力(近代戦争の遂行に役立つ程度の装備・編成を備えたもの)にあたらないとすることによって自衛措置が可能であるとし、「自衛のために必要な最

小限度の自衛力（実力）」とは、他国に侵略的な脅威を与えるような武器を保持しないものと説明している。

この解釈は、第9条第2項前段の戦力保持の禁止によって自衛戦争あるいは自衛措置（自衛力の行使）が認められなくなるのを避けるため、戦力と自衛力を区別する考え方であるが、戦力は常に変動し続ける国際軍事情勢に照らし相対的なものであり、自衛力もまた同様であるから、あえて戦力と自衛力を区別するよりも、①説のように自衛のための戦力の保持は許されると解する方が素直な考え方と思われる。

3 交戦権の否認の内容（第9条第2項後段）

憲法第9条第2項後段は、「国の交戦権は、これを認めない。」と規定する。

この交戦権の意味については、①国家が交戦状態に入った場合に、国際法上、交戦国として認められている具体的な諸権利、例えば、敵の兵力を殺傷、破壊したり、防守された都市を攻撃したり、占領地に軍政をしいたり、中立国に対しても一定の条件のもとに船舶を臨検、拿捕（だほ）し、またその貨物を没収したりするなどの諸権利を総称するとする説、②国家が戦争を行う権利自体を指すとする説、③①と②の両者を含む権利を指すとする説がある。

国際法上の用法に従えば、交戦権を①説の意味に用いるのが妥当とされている。

そして、この説に従えば、交戦権の否認は、国家が戦闘行為を行うことを直接否定するものではなく、戦闘行為がなされた場合に、国際法上交戦国として主張し得る権利を主張しないことを認めたものにすぎないことになる。また、②の見解は第9条第1項の国権の発動たる戦争と重複し、妥当でないとされている。

【模擬問題⑫】

次の記述は、戦争放棄に関するものである。誤っているものはどれか。

(1) 戦争放棄の主体は日本国民である。
(2) 憲法第9条の規定は、憲法前文に示された平和主義を具体化したものである。
(3) 国際紛争を解決するための戦争には、侵略戦争のほか、自衛戦争も含まれる。
(4) 武力の行使とは、事実上の戦争のことである。
(5) 戦争放棄を定めた憲法は、日本国憲法だけではない。

【模擬問題⑬】

自衛権、戦力、交戦権に関する次の記述のうち、誤っているものはどれか。

(1) 自衛権とは、外国からの急迫不正の侵害に対し、自国を防衛するために必要な一定の実力を行使する権利をいう。
(2) 自衛権は、国際法上の固有の権利である。
(3) 憲法第9条第2項前段にいう「戦力」とは、近代戦争の遂行に役立つ程度の装備・編成を備えたものをいう。
(4) 国際法上交戦権とは、国家が戦争を行う権利自体を指す。
(5) 国際法上交戦権とは、交戦国として認められている諸権利をいう。

第 4 部

基本的人権

〔1〕総説

1 基本的人権の意義と特性

1 基本的人権の意義

　基本的人権は国家から恩恵として与えられるものではなく、すべての人間が生まれながらにして（当然に）もっている基本的な権利である。このような考え方は、個々の人間に最高の価値（個人の尊厳）を認める個人主義に立脚したもので、人類の長年にわたる苦闘と努力によって確立されたものである。

　日本国憲法第11条が、「国民は、すべての基本的人権の享有を妨げられない。この憲法が国民に保障する基本的人権は、侵すことのできない永久の権利として、現在および将来の国民に与えられる」とし、また、第97条が、「この憲法が日本国民に保障する基本的人権は、人類の多年にわたる自由獲得の努力の成果であって、これらの権利は、過去幾多の試練に堪え、現在および将来の国民に対し、侵すことのできない永久の権利として信託されたものである」と定めているのは、このことを確認したものである。

2 基本的人権の特性

　基本的人権は、次のような特性をもっている。

(1) **普遍性**

　基本的人権は、人種、性別、身分などの区別に関係なく、すべての国民が人間として当然に享有できる権利である。このことは、「国民は、すべての基本的人権の享有を妨げられない」という憲法第11条の条文に示されている。

(2) **固有性**

　基本的人権は、憲法または国家から恩恵として与えられたものではなく、国民の固有の権利（生まれながらにしてもっている権利）として、憲法や国家が成立する以前に存在している。

日本国憲法が、基本的人権について、「現在および将来の国民に与えられる」（第11条）とし、「信託されたもの」（第97条）と規定しているのは、この趣旨をあらわしている。ここで、「与えられる」とは、天（自然）から付与ないし信託されたものということで、人間が生まれながらに有することを意味している。

(3) 不可侵性

　基本的人権の不可侵性については、日本国憲法第11条および第97条の「侵すことのできない永久の権利」という文言に示されている。

　基本的人権が不可侵であるということは、原則として、国家の権力（公権力すなわち、行政権および司法権のほか立法権）によっても、侵されないことを意味している。ちなみに、日本国憲法第81条が、最高裁判所に法律の審査権を認めているのは、立法権による人権の侵害から国民を守ることを目的としている。

　なお、基本的人権の不可侵性については、絶対的無制限なものではなく、公共の福祉との関係から、一定の制約がある（第12条、第13条、第22条、第29条等）。

(4) 永久性

　基本的人権は、現在の国民だけでなく、将来の国民にも「永久の権利」として認められ、将来にわたって永久に奪われることのない権利である。したがって、憲法の改正によってもこれを奪うことはできない。

2 基本的人権の限界

1　憲法上の基本的人権の制約

　日本国憲法第11条は、基本的人権について、「侵すことのできない永久の権利」、つまり法律や憲法改正によっても侵すことができない権利として国民に保障しているが、これは、人権が絶対的無制限に保障されるものである

ことを意味しない。

　人権は国民個人に保障されているものであるが、ある個人の人権と他の個人の人権とが衝突した場合、その限りで制約を受けるのは当然のことである。例えば、ある人に表現の自由という人権があるからといって、他人の名誉やプライバシーの権利を侵害することは許されない。

　このため、日本国憲法は第12条で、国民は、基本的人権を「公共の福祉のためにこれを利用する責任を負う」とし、また、第13条後段で、「生命、自由および幸福追求に対する国民の権利については、公共の福祉に反しない限り、立法その他の国政の上で、最大の尊重を必要とする」とし、各人権について「公共の福祉」による制約があることを一般的に定め、さらに、職業選択の自由や財産権などの経済的自由について「公共の福祉」による制約がある旨を特に（個別的に）規定している（第22条、第29条第2項）。

2　公共の福祉の内容

　基本的人権の制限に関する一般的根拠となっている「公共の福祉」は、漠然とした不確定な概念であるが、一般に次のように考えられている。

　その一つは、他人の権利・自由との調整のため、自己の権利・自由に当然伴う制約、すなわち、自己の権利、自由のため、他人の権利・自由を侵してはならないという当然の制約であり、第12条および第13条の「公共の福祉」はこれにあたる。

　他の一つは、国民の実質的な平等を図るために国家が行う政策的な制約であり、第22条および第29条第2項の「公共の福祉」がこれにあたる。経済的自由（職業選択の自由、財産権等）については、各人相互の経済関係を私人間の契約や自治に任せた場合、経済弱者の利益が侵害されることがあり得ることを考慮し、国家の積極的な介入を認めたものとされている。

　いずれにしても、公共の福祉の具体的な内容は、個々の事案ごとに判断することが求められ、公共の福祉による制約が許されるか否かは、次の考え方（基準）によって判断されることになる。

(1) **利益衡量論**

　この考え方は、個々の具体的な人権について、「それを制限することによって得られる利益」と「それを制限しない場合に維持される利益」とを比較して、前者の価値が高いと判断された場合には、その人権を制限することができるとしている。

(2) **二重の基準論**

　この考え方は、精神的自由と経済的自由との間に差異を設け、精神的自由に優越的な地位を認めることにより、その制限は、原則として許されないものとし、例外的に制限を認めるとしても、必要最小限度にとどめるべきものであるとしている。そして、その制限の合憲性を審査するにあたっては、経済的自由を制限する立法を審査する場合よりも厳格な基準が適用されるとしている。

3 基本的人権の体系的分類

1　個別的人権

　基本的人権のうち、個別的人権について、その性質に応じて分類すると、自由権、社会権、受益権および参政権に大別される。

(1) **自由権**

　自由権とは、国民各人が、その自由な活動を国家権力によって制限され、あるいは拘束されない権利をいう。自由権は、このような意味から、「国家からの自由」ともいわれ、人権の保障が確立されたときから人権体系の中心をなしている重要な権利である。

　その内容は、「精神的自由」、「経済的自由および「人身（身体）の自由」に分けられ、さらに「精神的自由」は、思想および良心の自由（第19条）、信教の自由（第20条）、集会・結社の自由（第21条第1項）、表現の自由（第21条第1項）、通信の秘密の保障（第21条第2項）、学問の自由（第23条）に、

「経済的自由」は、居住・移転の自由（第22条第1項）、職業選択の自由（第22条第1項）、外国移住・国籍離脱の自由（第22条第2項）、財産権の不可侵（第29条）に、「人身の自由」は、奴隷的拘束および苦役からの自由（第18条）、法定手続の保障（第31条）、不法逮捕からの自由（第33条）、不法抑留・拘禁からの自由（第34条）、住居等の不可侵（第35条）、拷問および残虐な刑罰の禁止（第36条）、刑事被告人の権利（第37条〜第39条）にそれぞれ細分される。

(2) **社会権**

社会権とは、社会的経済的弱者が、「人間に値する生活」を営むことができるように、国家の積極的な関与を求めることのできる権利をいう。この社会権は、資本主義の高度化に伴って生じた失業、貧困、労働条件の悪化などの弊害から、社会的・経済的弱者を救済するために保障されることになった20世紀的な人権とされている。

ただし、この社会権は、憲法の規定だけを根拠として権利の実現を裁判所に請求することはできず、具体的な権利として裁判所に救済を求めるためには、生活保護法、社会福祉事業法、健康保険法などの個々の法律の根拠が必要である。

社会権に属する権利として、生存権（第25条）、教育を受ける権利（第26条第1項）、勤労の権利（第27条第1項）、勤労者の団結権および団体行動権（第28条）がある。

(3) **受益権**

受益権とは、国民が国家に対して一定の利益を受けることを要求する権利をいい、自由権が国家権力の干渉を排除する積極的な権利であるのに対し、受益権は、社会権とともに国家の関与によって一定の利益を受けることを請求する積極的な権利であり、20世紀的な権利の性質をもっている。

受益権に属する権利として、請願権（第16条）、損害賠償請求権（第17条）、裁判請求権「裁判を受ける権利」（第32条）、刑事補償請求権（第40条）がある。

(4) **参政権**

参政権とは、国民が直接または代表者を通じて国政に参加する権利をいい、自由権の確保に役立つ権利である。前者を「直接的参政権」といい、後者を「間接的参政権」という。

直接的参政権に属するものとしては、憲法改正の承認（第96条第1項）、地方特別法の制定に対する同意（第95条）、最高裁判所裁判官の審査（第79条）がある。また、間接的参政権に属するものとしては、国会議員を選挙する権利（第43条）、地方公共団体における議会の議員や特定の吏員を選挙する権利（第93条）等があり、その基本的なものとして公務員の選任・罷免権（第15条第1項）がある。

2　包括的人権

基本的人権のうち、包括的人権については、幸福追求権と法の下の平等（平等権）に分けられる。

(1)　幸福追求権

幸福追求権は、憲法第13条にいう「生命、自由および幸福追求に対する国民の権利」のことで、憲法上、個別的・具体的に列挙されていない新しい人権の根拠となる一般的、かつ、包括的な権利である。

この幸福追求権を根拠に、判例上確立した憲法上の権利として、いわゆる肖像権（プライバシーの権利の一種）や前科・犯罪経歴の非公開権（広義のプライバシー権）などがある（最判昭和44年12月24日刑集23巻12号1625頁、最判昭和56年4月14日民集35巻3号620頁）。

なお、幸福追求権を根拠に、新しい人権として主張されているものに、環境権、日照権、静穏権、嫌煙権その他の諸権利がある。

(2)　法の下の平等（平等権）

日本国憲法第14条第1項は、「すべて国民は、法の下に平等であって、人種、信条、性別、社会的身分または門地により政治的・経済的または社会的関係において、差別されない」と規定して法の下の平等に関する基本原則を宣言し、これに基づいて個別的に、貴族制度の廃止（第14条第2項）、栄典に伴

う特権の廃止（第14条第3項）、普通選挙の一般原則（第15条第3項）、選挙人資格の平等（第44条）、婚姻、家族関係における両性の本質的平等（第24条）、教育の機会均等（第26条）を定めている。

なお、以上のような基本的人権の分類は相対的なものであって、絶対的なものではない。例えば、「表現の自由」から導き出される「知る権利」は、単に情報の提供を受けること（知ること）を妨げられないという自由権としての性格をもっているほかに、国に対して情報の公開を積極的に請求するという社会権的な性格をもあわせもっている。また、これとは逆に、教育を受ける権利や生存権などの社会権も、公権力によって不当に制限されてはならないという自由権的な側面をもっている。

4 公務員の特別権力関係と基本的人権との関係

(1) 公務員の特別権力関係

およそ国民は、当然に国の一般的（包括的）な支配権（統治権）に服し、また、住民としてその属する公共団体の支配下に置かれる。

このような国や公共団体と国民・住民との間の支配服従関係を一般的支配関係という。

公務員は、一般国民としてこのような一般的な支配権に服するほか、公務員の身分において、いわばその雇主である国や公共団体の統制に服し、職務上種々の拘束を受けることになる。

このように、公務員の特別権力関係とは、国や公共団体と国民・住民との間の一般的・包括的な支配服従関係と異なり、公法上の特別な法律原因（法律の規定または本人の同意）によって、公法上の特定の目的のために必要な限度において成立する特殊な支配服従関係をいう。

そして、このような特別権力関係が成立すると、その公法上の特定の目的のために必要な限度において、国や公共団体に包括的な支配権が与えられ、

この支配権に服する公務員に対して、いちいち法律の規定によることなく、命令、強制がなされ、公務員はこれに拘束される。

近年、このような特別権力関係を否定する学説もみられるが、公務員の服務関係は、国や公共団体と一般国民との間の一般的・包括的な支配関係と異なった特殊な権利義務の関係であることは否定できない。

(2) **公務員の基本的人権の制限**

公務員は、公務遂行の必要上、居住、移転の自由が制限され、また、表現の自由の制限や職務上の秘密保持の責任を負わねばならない。このほか、特に重大な人権の制限として、政治活動の制限と争議行為などの禁止がある。

(3) **政治活動の制限の合憲性**

公務員の政治活動の制限は、公務員が全体の奉仕者として公務を遂行するにあたり、その公正と政治的中立を確保するためのものであるが、これについて最高裁判所は、行政の中立的運営とこれに対する国民の信頼の確保という規制目的から、その目的のために必要最小限度の政治的行為を禁止することは合憲であると判示している（最判昭和49年11月6日刑集28巻9号393頁）。

(4) **労働基本権の制限の合憲性**

労働基本権については、公務員は、一般私企業の勤労者と比較して著しく異なった取扱いを受けている。すなわち、消防・警察・海上保安庁などの職員および自衛隊員には、団結権、団体交渉権および争議権のすべてが認められず、非現業の国家公務員および地方公務員は、団体交渉権および争議権について認められていない。

このような公務員の労働基本法の制限について最高裁判所は、憲法第28条の労働基本権は、公務員に対しても及ぶが、勤労者を含めた国民全体の共同利益の見地からする制約を免れないとし、公務員の地位の特殊性と職務の公共性から、労働基本権に対し必要やむを得ない限度の制約を加えることは、十分合理的な理由があるとして争議行為の一律、かつ、全面的な制限を合憲とし（最判昭和48年4月25日刑集27巻4号547頁）、その後の判例もこれにな

らっている。

【模擬問題⑭】
基本的人権に関する次の記述のうち、誤っているものはどれか。
(1) 基本的人権は国家から与えられたものではなく、人間が生まれながらにしてもっている基本的な権利である。
(2) 基本的人権の考え方は、個人の尊厳を認める個人主義に立脚している。
(3) 基本的人権は、憲法第11条によってはじめて与えられたものである。
(4) 基本的人権は、絶対的無制限なものではなく、公共の福祉との関係から一定の制約がある。
(5) 基本的人権は、憲法の改正によっても奪うことはできない。

【模擬問題⑮】
次に掲げる基本的人権の特性のうち、誤っているものはどれか。
(1) 永久性
(2) 固有性
(3) 普遍性
(4) 社会公共性
(5) 不可侵性

【模擬問題⑯】
基本的人権の制約に関する次の記述のうち、正しいものはどれか。
(1) 基本的人権のうち、精神的自由については、絶対無制限のものである。

(2) 基本的人権は、一般に公共の福祉を理由に制限することが認められている。
(3) 公共の福祉を理由とする制限は、職業選択の自由など経済的自由についてのみ認められている。
(4) 財産権についてのみ公共の福祉による制限が可能である。
(5) 基本的人権の制限について、精神的自由と経済的自由との間には、特段の差異はない。

【模擬問題⑰】
次は基本的人権に関するものである。誤っているものはどれか。
(1) 損害賠償請求権は、受益権に属する。
(2) 国会議員を選挙する権利は、間接的参政権に属する。
(3) プライバシーの権利の一種であるいわゆる肖像権は、憲法第13条の幸福追求権を根拠として確立した憲法上の権利である。
(4) 「知る権利」は、自由権としての性格と社会権的な性格をあわせもっている。
(5) 憲法上の社会権の規定を根拠として裁判所に救済を求めることは可能である。

【模擬問題⑱】
基本的人権の憲法上の制約として誤っているものはどれか。
(1) 基本的人権は、国民の不断の努力によって、これを保持しなければならない。
(2) 基本的人権は、公共の福祉に反しない限り、何らの制約も受けない。
(3) 国民は、基本的人権を濫用してはならない。

(4) 国民は、基本的人権を、常に公共の福祉のために利用する責任を負う。
(5) 基本的人権については、公共の福祉に反しない限り、立法その他国政のうえで、最大の尊重を必要とする。

【模擬問題⑲】
次は公務員の特別権力関係と基本的人権の制限に関する記述である。誤っているものはどれか。
(1) 公務員の居住地を制限することは、特別権力関係に基づく拘束である。
(2) 特別権力関係は、公法上の特別の法律原因に基づき、公法上の特定の目的に必要な限度において成立する特殊な支配服従関係である。
(3) 消防職員は、労働基本権のうち、団結権、団体交渉権および争議権のすべてについて制限されている。
(4) 公務員の政治活動の制限は、行政の中立的運営の見地から合憲とされている。
(5) 公務員の争議行為の一律、かつ、全面的な制限は、公務員の地位の特殊性と職務の公共性から、必要やむを得ない制約として合憲とされている。

〔2〕 自由権（精神的自由）

1 思想・良心の自由

　憲法第19条は、「思想及び良心の自由は、これを侵してはならない」と規定し、いわゆる「内心の自由」を保障している。憲法は、このほか、信教の自由、表現の自由、学問の自由など一連の精神的自由についても個別的に保障しているが（第20条～第21条、第23条）、これらの自由は、いずれも内心の活動を基礎としており、内心の自由である思想・良心の自由が保障されることによってはじめて保障される自由である。

　したがって、思想・良心の自由は、一連の精神的自由の根幹をなしているといえよう。

　なお、思想・良心の自由は、明治憲法に定めはなく、日本国憲法において新たに設けられたものである。

1　思想・良心の自由の内容

　「思想・良心」とは、個人の内心の活動（内面的な精神活動）、すなわち、個人の内心における物の見方や考え方を意味し、個人の世界観、人世観、主義、信条などがこれに含まれる。

　「これを侵してはならない」とは、国家が個人の内心に介入（干渉）してはならないを指し、具体的には、①国家が個人に対し特定の思想や良心をもつことを強制したり、禁止してはならないこと、②特定の思想や良心をもっていることまたはもっていないことを理由に、不利益な扱い（差別）をしてはならないこと、③思想や良心を外部に表すことを強制してはならないこと（思想・良心に関する「沈黙の自由」を認めること）を意味する。ただし、「沈黙の自由」があるといっても、ある事実について知っているか否か、あるいは知識があるか否かを問い、それについて答弁を強制することは思想・良心の自由を侵害するおそれが少ないため、許されると解されている。また、名

誉毀損による被害を回復する手段として、謝罪広告の掲載を命ずることについても、最高裁判所は、「単に事態の真相を告白し、陳謝の意を表明するに止まる程度のもの」であれば「屈辱的若しくは苦役的な労苦を科し、又は倫理的な意思、良心の自由を侵害することを要求するものとは解せられない」と判示し、合憲としている（最判昭和31年7月4日民集10巻7号785頁）。

2　思想・良心の自由の絶対性

　一般に、各種の自由権は、それを行使することによって他の国民の利益を害するなど公共の福祉を害するものとなるときは、その限度で制限されることがあり得るが、思想・良心の自由については、それが内心にとどまる限り、他の国民の利益と衝突することはなく、公共の福祉を害することにはならない。したがって、その性質上、法律によって規制することができないのは勿論、公共の福祉を理由とする制限も一切許されない。例えば、憲法の基本理念である民主主義そのものを否定する思想などをもっていたとしても、それが内心にとどまる限り、これを規制することは許されない。このような意味で、思想・良心の自由は絶対的なものであるとされている。

【模擬問題⑳】

　思想・良心の自由に関する次の記述のうち、誤っているものはどれか。
(1)　思想・良心の自由は、表現・信教・学問の自由など他の精神的自由の根幹をなすものである。
(2)　思想・良心の自由については、明治憲法には規定されていなかった。
(3)　思想・良心の自由は絶対的で、法律によっても、公共の福祉の見地からもこれを制限することは許されない。
(4)　思想・良心の自由といえども、公共の福祉の見地からこれを制限することができる。
(5)　「思想・良心の自由は、これを侵してはならない」とは、国家が個人の内心に介入してはならないということである。

【模擬問題㉑】

次の記述は、思想・良心の自由に関するものである。誤っているものはどれか。

(1) 思想・良心の自由には、いわゆる「沈黙の自由」も含まれる。
(2) 思想・良心の自由が絶対的なものとされているのは、それが個人の内心にとどまっている限り、他の利益と衝突することがないため、公共の福祉を害することがないからである。
(3) ある特定の事実について知っているか否かについて答弁を強制することは、思想・良心の自由を侵すことになる。
(4) ある特定の思想をもつことを強制したり、禁止するは、思想・良心の自由を侵すものとして許されない。
(5) 民主主義そのものを否定するような危険な思想であっても、それが内心にとどまる限り許される。

2 信教の自由

1 信教の自由の内容

憲法は、「信教の自由は、何人に対してもこれを保障する」と規定している（第20条第1項前段）。人がどのような宗教を信ずるか、あるいは信じないかは、本来、その人の内心の問題であって、国家がこれに干渉することは許されない。その意味で、信教の自由は、思想・良心の自由と共通性をもっている。

「信教の自由」とは、特定の宗教、つまり神や仏など超自然的・超人間的な存在を信ずる自由または信じない自由をいい、具体的には、次の三つの内容からなり立っている。

(1) 信仰の自由

　信仰とは、神や仏など超自然的・超人間的な絶対者を信じ、崇拝するという内心の活動を指す。信仰の自由とは、どのような信仰をもとうと自由であり、また、いかなる信仰ももたないことも自由であることを意味し、宗教上の思想・良心の自由という側面をもっている。なお、信仰の自由として、宗教を宣伝する自由、宗教教育を受ける自由、受けない自由などが認められている。このようなことから、国家が個人に対し、特定の宗教を信仰するよう、または信仰しないよう強制することは許されない。

(2) 宗教上の行為の自由

　憲法は、「何人も宗教上の行為、祝典、儀式又は行事に参加することを強要されない」と規定する（第20条第2項）。

　宗教上の行為の自由とは、礼拝、祈祷などの宗教上の行為を自由に行うことができ、また、宗教上の祝典、儀式、行事などを行ったり、それに参加するかしないかを自由に決定することができることを意味する。

　したがって、国が神社の参拝を強制したり、宗教的な儀式を強要することは許されない。

(3) 宗教上の結社の自由

「宗教上の結社」とは、宗教上の共同の目的をもった団体のことである。信教の自由には、個人が宗教上の行為や布教活動を行う自由と同様に、宗教上の結社を組織する自由も含まれるが、結社の自由については、直接には憲法第21条によって認められている。

1 国家と宗教の分離

　日本国憲法は、「いかなる宗教団体も、国から特権を受け、又は政治上の権力を行使してはならない」とし（第20条第1項後段）、また、「国及びその機関は、宗教教育その他いかなる宗教活動もしてはならない」と規定する（第20条第3項）。これらの規定は、信教の自由を完全に保障するために、国家と宗教の分離、すなわち「政教の分離」の原則を定めたものである。

明治憲法下においても、信教の自由が認められていたが（第28条）、それは「安寧秩序を妨げず、及び臣民たるの義務に背かざる限りにおいて」のみ許されるという制限された自由であった。そのうえ、実際上は、神道の国教的地位が暗黙のうちに承認され、特権が与えられていた。このことは、信教の自由と矛盾することが明らかであったから、このような特権宗教を廃止し、政教分離の原則が憲法上確立されたものである。

政教分離の結果、国や公共団体が宗教教育を主眼とする国・公立学校を設立したり、国・公立学校が宗教教育をすることは許されない。また、国や公共団体が式典などを行うにあたって、特定の宗教に基づいて行うことも許されない。

なお、国や公共団体は、宗教上の組織、団体の使用、便益または維持のために、公金その他の公の財産を支出したり、利用に供したりすることも禁止されている（第89条）。このことは、財政面での政教分離を具体化したものである。

本来、宗教に由来して行われている行為であっても、それが国民の日常生活に溶け込み、宗教的色彩が失われているほど習俗的な行事となっているような場合、例えば、官公庁が正月に門松を立てる行為などは、「宗教的活動」に該当しないと解されている。宗教性が失われているか否か必ずしも明らかでないケースについて、宗教活動に該当するか否かの認定基準（政教分離についての判断基準）を示した判例として、「津地鎮祭事件判決」（最判昭和52年7月13日）がある。この判決によれば、「宗教的活動とは、国およびその機関の活動で宗教とかかわり合いをもつ行為のすべてを指すものではなく、そのかかわり合いが……相当とされる限度を超えるものに限られるというべきであって、当該行為の目的が宗教的意義をもち、その効果が宗教に対する援助、助長、促進または圧迫、干渉等になるような行為をいうのである。

ある行為が宗教的活動に該当するか否かは、当該行為の主宰者、順序作法などの外形的側面のみにとらわれず、当該行為に対する一般人の宗教的評価、

当該行為者が当該行為に行うについての意図、目的および宗教的意識の有無、程度、当該行為の一般人に与える効果、影響等諸般の事情を考慮し、社会通念にしたがって、客観的に判断すべきである」との基本的な考え方を示したのち、津市の地鎮祭について、「その目的は建築着工に際し土地の平安堅固、工事の無事安全を願い、社会の一般慣習に従った儀礼を行うという専ら世俗的なものと認められ、その効果は神道を援助、助長、促進し、または他の宗教に圧迫、干渉を加えるものとは認められないのであるから、憲法20条3項により禁止されている宗教的活動にはあたらない」と判示している。

【模擬問題㉒】

信教の自由に関する次の記述のうち、誤っているものはどれか。

(1) 宗教団体の設立した私立学校で、入校後宗教的儀式に参加しない者は卒業させないという措置をとることは違憲である。
(2) 宗旨を異にする他の宗教を非難することは、信教の自由として保障されている。
(3) 信教の自由として、宗教的儀式に参加する自由または参加しない自由が保障されている。
(4) 地鎮祭は宗教的行事ではあるが、慣習化した儀式であり、世俗的な行事であるから、憲法の禁止する宗教的活動にはあたらない。
(5) 信教の自由とは、神や仏などの超自然的・超人間的な絶対者を信じ、崇拝することについて、公権力から侵害されないことをいう。

【模擬問題㉓】

次は信教の自由に関する記述である。誤っているものはどれか。

(1) 信教の自由は、信仰の自由、宗教上の行為の自由および宗教上の結社の自由から構成されている。

(2) 明治憲法下においても信教の自由は認められていた。
(3) 信教の自由は、日本国憲法によって新たに認められたものである。
(4) 判例によれば、地鎮祭はいわゆる政教分離の原則に反しないものとされている。
(5) 信教の自由は、思想・良心の自由と共通性をもっている。

3 集会・結社の自由

1 集会・結社の自由の内容

憲法は、「集会・結社……の自由は、これを保障する」と規定する（第21条第1項）。

集会・結社の自由は、言論、出版等の自由とともに、一定の思想が外部に表われたものを保障するものである。「集会」とは、多数の者が共同の目的で特定の場所に一時的に集合することをいう。集会には室内における集合だけでなく、屋外における大衆行動やデモ行進などの集団的行動も含まれる。「結社」とは、多数の者が共同の目的のために継続的・組織的に集団を結成することである。結社には、政治結社、経済結社、学術結社、宗教結社などがある。このうち、宗教結社については、特に信教の自由の一つとして保障されている（第20条第1項前段）。なお、労働者の団結も結社の一つではあるが、憲法上団結権として別途保障されている（法第28条）。これは結社の自由が自由権であるのに対し、団結権は社会権に属し、両者の権利の性質が異なっているからである。「これを保障する」とは、公権力によって集会・結社の自由を侵害してはならないという意味である。

2 集会・結社の自由の制限

明治憲法も「法律の範囲内において」という条件を付して集会・結社の自由を認めていたが、日本国憲法はこのような条件を排除している。しかし、

これらの自由は無制限に保障されているわけではない。

　集会・結社の自由は、内心の自由と異なり、対外的な行動を伴うことから、他人の権利、自由や公共の利益と対立することがあり得る。このため、これらの自由は、安全秩序の維持、他人の利益との相互調整など公共の福祉を理由とする一定の制限が考えられる。しかし、集会・結社の自由は、民主政治の維持、発展にとって不可欠のものであることから、その制限は、当然に規制目的を達成するために必要な最小限度の範囲に限定される。

3　集会・結社の自由と公安条例による規制

　集会や集団行進に対する規制手段として、地方公共団体のいわゆる「公安条例」がある。この公安条例による規制が、許可制をとっていることについて、集会の自由を侵すものとして幾度か争われてきたが、最高裁判所は、次のような考え方によりこれを合憲としている。

○　**新潟県公安条例事件判決**

「公安条例が集団行進等につき単なる届出制を定めることは格別、一般的な許可制を定めて事前に抑制することは本条に反するが、公共の秩序を保持し又は公共の福祉の著しい侵害を防止するため、特定の場所又は方法につき、合理的、かつ、明確な基準の下に許可制をとり、更に、公共の安全に対して明らかな侵害が予見されるときには許可しないと定めても、違憲ではない。新潟県公安条例は許可制をとり、「公安を害するおそれ」という一般的抽象的基準を掲げているが、条例の趣旨全体を総合して考察すれば、本条に違反しない（最判昭和29年11月24日刑集8巻11号1866頁）。

○　**東京都公安条例事件判決**

「集団行動による思想の表現は、群集心理の法則と現実の経験に徴すると、甚だしい場合には一瞬にして暴徒と化し、警察力によっても如何ともし得なくなる危険があるから、公安条例が必要最小限度の事前の規制をすることはやむを得ない。東京都条例では文面上許可制をとるが、「公共の安寧を保持する上に直接危険を及ぼすと明らかに認められる場合」のほかは許可しなけ

ればならないとして、不許可の場合を厳格に制限しており、実質においては届出制と異ならないので、許否の決定が保留されたままの場合の救済手続が定められていないとか、濫用のおそれがあり得るからといって、直ちに違憲とはいえない」(最判昭和35年7月20日刑集14巻9号1243頁)。

4 集会・結社の自由と公物管理権による規制

集会のために公園や公会堂などの公共施設を利用することについては、管理主体(管理権者)が定める一定の利用条件の範囲内で利用することが許容され、その管理目的から一定の規制を受ける。しかし、その規制は、集会の自由を侵害しないように、施設の保持や利用の調整などといったその目的達成のため必要やむを得ない特別の事情がある場合に限定される。この点に関する最高裁判所の判例として次のようなものがある。

○ 皇居外苑使用不許可事件判決

「メーデー集会のための皇居外苑の使用を許可しなかった本件処分は、表現の自由又は団体行動権自体の制限を目的とするものではなく、公園の管理、保存の支障や公園としての本来の利用の阻害を考慮してなされたもので、本条及び憲法28条に違反するものではない」(最判昭和28年12月23日民集第7巻13号1561頁)。

○ 道路交通取締法事件違反判決

「道路において演説その他の方法により人寄せをすることは、場合によっては公共の安全を害するおそれがないでもないから、それを警察署長の許可にかからしめ、無許可の街頭演説を処罰することは、公共の安全のため必要であり、本条に違反しない」(最判昭和35年3月3日刑集14巻3号253頁)。

【模擬問題㉔】

次は集会・結社の自由に関する記述であるが、誤っているものはどれか。

(1) 集会とは、多数の者が共同の目的で特定の場所に一時的に集合する

ことをいう。
(2) 公共の安全を図る見地から、集団行動を一般的な許可制によって事前に規制することは違憲でない。
(3) 集会・結社の自由は、内心の自由と異なり、対外的な行動を伴うことから、他人の権利・自由や公共の利益と対立する可能性がある。
(4) 結社のうち、宗教結社については、特に信教の自由の一つとして保障されている。
(5) 集会・結社の自由は、精神的自由を対外的に(外部に)発現したものを保障しているので、広い意味で表現の自由に属する。

【模擬問題㉕】
集会・結社の自由に関する次の記述のうち、誤っているものはどれか。
(1) 集会・結社の自由は、言論・出版の自由とともに、精神的自由を外部に表現することを保障するものである。
(2) 集会とは、多数の人が共同の目的をもって一定の場所に集合することをいい、デモ行進などの集団的行動もこれに含まれる。
(3) 結社とは、多数の人が共同の目的をもって永続的な集団を結成することをいう。
(4) 集会・結社の自由は、無制限ではなく、公共の福祉の見地から制限されることがあり得る。しかし、その制限は、目的達成のため必要最小限度のものでなければならない。
(5) 集会・結社の自由は、民主主義の維持のために不可欠の条件であることから、これを制限することは許されない。

> 【模擬問題㉖】
> 　集会・結社の自由に関する次の記述のうち、誤っているものはどれか。
> (1)　集会・結社の自由は、精神的自由が外部に発現されたものを保障するものである。
> (2)　集会・結社の自由は、民主政治に不可欠のものではない。
> (3)　集会・結社の自由は、明治憲法下においても認められていた。
> (4)　いわゆる公安条例による集団行進等に対する一般的許可制は違憲である。
> (5)　宗教結社の自由は、信教の自由の一つとして保障されている。

4 表現の自由

1　表現の自由の意義と範囲等

(1)　表現の自由の意義と範囲

　憲法第21条第1項は、「……言論、出版その他一切の表現の自由は、これを保障する」と規定する。「表現の自由」とは、広く内心の思想や見解（意見）などを外部に発表する自由、あるいは発見した事実（情報）を伝達する自由をいい、表現の方法については、口頭によると文書によるとその他の方法によるとを問わない。

　したがって、言論、出版、ラジオ、テレビ、映画、音楽、インターネットなどは勿論、報道機関が事実を報道するためのいわゆる「報道の自由」も表現の自由に含まれる。

　「報道の自由」とは、知り得た事実を伝え知らせる自由のことで、公共の利益に関する報道のみに限定されない。しかし、虚報や誤報の自由はない。

　なお、報道のための「取材の自由」もこれに含まれる。報道は、取材、編

集、発表という一連の行為によって成り立っており、取材は、報道にとって不可欠のものだからである。判例も取材の自由につき、憲法第21条の精神に照らし、十分尊重に値いするものと判示している（最決昭和44年11月26日刑集23巻11号1490頁「博多駅フィルム提出事件」）。ただし、憲法第21条第1項は、新聞記者に対して、その取材源に関する証言を拒否し得る特別の権利までも保障したものではないとしている（最判昭和27年8月6日刑集6巻8号974頁）。

(2) 知る権利

また、表現の自由は、内心の思想等や情報を発表、伝達する自由という重要な意味をもっているものの、相手方がこれらの情報等を自由に受け取ることができなければ意味がない。このようなことから、表現の自由には、もともと表現されたものを相手方によって自由に受け取ることが害されてはならないという側面をもっている。

したがって、表現の自由が保障されるためには、情報の受け手がそれらの情報を受け取る自由も保障されなければならない。これが、いわゆる「国民の知る権利」である。判例も、報道機関の報道の重要性について、国民の知る権利に奉仕するものであることを理由としてあげている（前掲最決）。

(3) アクセス権（反論権）

国民の知る権利に関連して、マス・メディアに対するアクセス権（反論権）が主張されている。アクセス権とは、マス・メディアに対して、意見広告や反論記事（反論文）など自己の意見の発表の場を提供することを要求する権利のことである。しかし、マス・メディアに対する具体的なアクセス権を憲法第21条第1項から直接導き出すことはできず、それが具体的な権利となり得るためには、反論権を認める特別の法律の制定が必要であるとされている。判例も、「マス・メディアによって名誉が毀損され、不法行為が成立する場合は別として、具体的な成文法の根拠がない限り、認めることができない」と判示している（最判昭和62年4月24日民集41巻3号490頁「サンケイ新聞

事件」)。

2　表現の自由の地位

　人間は、さまざまな表現活動(表現行為)を行い、それに対する反応を受けとめながら自己の個性や人格を発展、成長させていく。したがって、このような個人の精神的な成長のために、表現の自由は最大限に保障されなければならない。また、自由な表現活動が保障されなければ、政治的な意見を発表することができないし、他人の政治的意見に触れることもできない。したがって、議論をたたかわせることによって行われる民主政治にとっても、表現の自由は不可欠である。

　このようなことから、表現の自由は、憲法上特に重要な権利として位置づけられ、他の基本的人権に対し優越的な地位を有するとされている。

3　表現の自由に対する制約

　表現の自由は、内心の思想等が外部に発表され、他人や社会に対して働きかけるものであるから、その性質上、他人の権利や社会の利益と衝突することも考えられ、現実にこれらの権利や利益を侵害するときは、一定の制約を受けることは止むを得ない。その意味で、表現の自由は絶対的ではない。しかし、表現の自由の重要性に鑑み、その制約は、できるだけ厳格に、かつ、必要最小限度にとどめなければならないとされている。

　表現の自由を制約する規制立法の合憲性を判断する判定基準としては、次のような考え方がある。

(1) **明確性の基準（「漠然性のゆえに無効」の理論）**

　この基準は、精神的自由を規制する立法は、明確でなければならず、法文が漠然とした不明確な法令は、国家権力によって濫用されるおそれがあり、他方国民の側からすれば、本来適法に行うことができる表現行為であっても、差し控えざるを得ない効果をもたらすため、原則として無効であるという考え方である。判例は、徳島市公安条例に関して、法文自体不明確ではないとして当該条例を合憲としている（最判昭和50年9月10日刑集29巻8号489頁

「徳島市公安条例事件」）。

(2) 「明白、かつ、現在の危険」の基準

この基準は、表現行為について、①社会的な害悪をもたらす危険性（可能性）が明白であること、②害悪の発生が時間的に切迫していること、③規制手段が害悪を避けるのに必要不可欠のものであることの三つの要件が認められる場合には、当該表現行為を規制することができるという考え方である。

(3) 比較衡量の基準

この基準は、規制立法について、表現行為を規制することによって得られる社会的利益と規制しないことによって得られる利益とを比較して後者の利益が大であると認められる場合に、当該規制立法を違憲、無効とする考え方である。

(4) 「より制限的でない（きびしくない）規制手段選択」の基準

この基準は、規制立法の目的が正当なものであっても、よりゆるやかな規制手段によって規制目的を達成できるのに、よりきびしい規制手段をとっている場合、当該立法は違憲、無効であるという考え方である。

4 検閲の禁止と通信の秘密の保障

憲法第2条第2項は、「検閲は、これをしてはならない。通信の秘密は、これを侵してはならない」と規定し、検閲の禁止と通信の秘密を保障している。いずれも、言論、出版その他の表現の自由を保障するにあたって、最も関連の深いものであり、その点において、表現の自由を補完する意味をもっている。

(1) 検閲の禁止

「検閲」とは、公権力（主として、行政機関。以下同じ。）が外部に発表される思想等の内容、すなわち出版、報道、新聞の発行、映画、演劇の上演などの内容について、事前に審査し、不適当と認めるときは、その内容の全部または一部の発表を禁止すること、すなわち事前審査を意味すると解されている。

なお、検閲の禁止は、公権力による事前審査を禁止したものであるから、公権力によらない自主的な統制は、その対象とならない。
　また、税関検査は、思想内容の審査や規制を目的としていないことなどの理由から検閲にあたらず、合憲とされ（最判昭和59年12月12日民集38巻12号1308頁）、また、教科書検定についても、本来、思想審査を目的とするものではなく、不合格となった原稿を一般の図書として出版することは禁止されていないことなどを理由として検閲にあたらず、合憲とされている（最判平成5年3月16日判時1456号62頁）。

(2) 通信の秘密の保障

「通信」とは、郵便、電信、電話その他の方法によって他人に意思を伝えることをいい、「通信の秘密」とは、郵便、電信、電話などの内容を本人の意に反して公にされない権利をいう。また、「これを侵してはならない」とは、公権力によってこれらの通信の内容を侵害することを禁止する意味である。ただし、通信の秘密は、合理的な理由がある場合には、一定の制約を受ける。例えば、犯罪捜査の場合には、司法官憲の発する正当な令状により信書などを押収することができる（憲法第35条第1項、刑訴法第100条第1項等）。したがって、通信の秘密の保障は絶対的ではない。
　通信の秘密は、本質的には私生活の秘密（プライバシー）の一環であるが、通信が人間相互間のコミュニケーションの手段であることから、表現の自由と密接な関係をもっている。

(3) 通信の秘密と通信傍受法

　通信の秘密に関連する法律として、平成11年に通信傍受法が制定されているが、この法律は、組織的犯罪対策を目的としたもので、捜査機関による電話や電子メールなどの傍受を認めている。「傍受」とは、いわゆる盗聴のことである。この法律自体は、傍受の対象となる犯罪を薬物、銃器、組織的な殺人、集団密航の4種に限定しているものの、捜査機関による権限濫用のおそれは否定できない。したがって、法律の適正な運用が望まれる。

第4部　基本的人権

【模擬問題㉗】
　表現の自由に関する次の記述のうち、誤っているものはどれか。
(1)　表現の自由には、いわゆる報道の自由も含まれると解されている。
(2)　表現の自由とは、広く内心の思想を外部に発表する自由をいい、その方法のいかんを問わない。
(3)　表現の自由は、民主主義の基盤をなすものである。
(4)　表現の自由は絶対的なもので、これに対する制約は許されない。
(5)　表現の自由に対する制約は、その性格上、できるだけ厳格に、かつ、必要最小限度にとどめるべきものとされている。

【模擬問題㉘】
　次は、表現の自由に関する記述である。誤っているものはどれか。
(1)　マス・メディアに対するアクセス権（反論権）が具体的に認められるためには、成文法の根拠が必要である。
(2)　表現の自由と知る権利は表裏一体のものである。
(3)　報道の自由は、憲法第21条第1項の表現の自由に含まれる。
(4)　報道の自由の範囲は、公共の利益に関する報道のみに限定される。
(5)　虚構や誤った報道は、報道の自由に含まれない。

【模擬問題㉙】
　検閲の禁止、通信の秘密の保障に関する次の記述のうち、誤っているものはどれか。
(1)　検閲の禁止・通信の秘密の保障は、表現の自由を補完するものである。

(2) 検閲とは、公権力が外部に発表されるべき思想等の内容を事前に審査し、不適当と認めるときに、その全部または一部の発表を禁止することをいう。
(3) 公権力によらないで、自主的に思想の内容を事前に統制することは許される。
(4) 通信の秘密は、合理的な理由があれば侵害することが可能である。
(5) 通信の秘密は、いかなる理由があっても、これを侵すことは許されない。

5 学問の自由

1 学問の自由の意義

日本国憲法、「学問の自由はこれを保障する」と規定する（第23条）。「学問の自由」とは、精神的自由権の一つで、学問の研究の自由、研究成果の発表の自由および教授ないし教育の自由を指し、「これを保障する」とは、学問の自由が、公権力によって弾圧され、あるいは禁止されることは許されないことを意味する。

学問は、個人の人格形成や社会の発展において重要な役割を果たす一方で、真理追求の過程で既存の価値観との衝突を生じ、国からの干渉や弾圧を受け易い。ここに、学問の自由を保障する意義がある。しかし、憲法に学問の自由を保障する条項を定めている国は、そう多くはない。これは、学問の自由が思想の自由や表現の自由に含まれていると考えられていたからである。明治憲法上、明文の規定のない学問の自由について、日本国憲法が明文化したのは、戦前、国家権力が学問の自由を侵害していたことに由来する（滝川事件、天皇機関説事件など）。

学問の自由は、広く個人の学問的研究活動およびその成果の発表の自由を

意味するが、大学のもつ教育機関としての本質から、特に大学における学問の自由を保障する趣旨であると解されている（最判昭和38年5月22日刑集17巻4号370頁「東大ポポロ事件」）。

ところで、学問の自由には、大学のような高等教育機関での教授の自由が当然に含まれるとしても、初等中等教育における「教育の自由」が学問の自由に含まれるか否かが問題となる。この点について、従来は、初等中等教育を受ける生徒には教授内容を批判する能力がないこと、教育の機会均等を図るため全国的に一定の水準を確保しなければならないことを理由に、教育の自由が学問の自由に含まれないとされていた。しかし、最高裁判所は、いわゆる学力テスト事件判決において、重大な判例変更を行い、「憲法の保障する学問の自由は、単に学問研究の自由ばかりでなく、その結果を教授する自由をも含むものと解される。普通教育の場においても、例えば、教師が公権力によって特定の意見のみを教授することを強制されないという意味において、一定の範囲における教授の自由が保障されるべきことを肯定できないではない」とし、普通教育の場でも一定の範囲における教授の自由が保障されることを認めたが、教育の機会均等と全国的な教育水準を確保する要請などから、「完全な教育の自由を認めることは、とうてい許されない」と判示している（最判昭和51年5月21日刑集30巻5号615頁「旭川学力テスト事件」）。

2　大学の自治

学問の自由は、沿革的には大学の自由として発展してきたものであるから、大学の自治も保障されなければならない。すなわち、大学において、研究や教育が自由に行われるためには、外部の干渉を排除し、大学の自主的な運営が確保されていなければならない。このための制度的な保障が「大学の自治」であり、その主体は、教授その他の研究者である。

「大学の自治」とは、①教員等の人事管理、②施設の管理、③学生の管理について、教授会を中心とした大学の自主的な管理に任せられ、公権力の介入が許されないことをいう。ここで、「人事管理（人事の自治）」とは、学長・

教授その他の研究者の人事は、大学の自主的な判断に基づいて行われ、政府や文部科学省などによる大学の人事への干渉は許されないことを意味し、「施設の管理（施設の管理の自治）」とは、学内の設備・施設および秩序の維持については、大学の管理機関（学長など）が一次的な管理責任と管理権限を有することを意味する。しかし、このことは、大学が治外法権の場であることを意味しない。したがって、学内において社会公共の秩序をみだすような事件（犯罪など）が発生した場合、警察権の発動（犯罪の捜査など）を受忍しなければならないことは当然である。この場合、運用上の問題としてはともかく、法的には大学当局の要請を必要としない。

ただ、警察官が警備公安活動（公共の安寧秩序を維持するため、犯罪の予防および鎮圧に備えて各種の情報を収集・調査する警察活動）のために大学構内に立ち入る場合は、大学側の了解のもとに行われるべきものとされている。「学生管理の自治」とは、大学が教育機関としての性質を有する以上、大学は、学生に対して教育上の責任を有すると同時に、一定の管理権を有することを意味する。これを学生管理権という。

3　学問の自由の限界

憲法上の各種の自由権は、一般に公共の福祉による制約を受けることが認められているが、学問の自由も内心の領域にとどまる場合を除き、公共の福祉による制限を免れない。すなわち、大学における研究の手段・方法において、他人の生命、身体等を侵害したり、違法に危険物を貯蔵し、または取り扱うことなどは許されない。

【模擬問題㉚】
　学問の自由に関する次の記述のうち、誤っているものはどれか。
(1)　学問の自由には、学問研究の自由、研究成果の発表の自由のほか、教授の自由も含まれる。
(2)　学問の自由は、その性質上、大学その他の高等教育機関のみに認め

られる権利である。
(3) 学問の自由には大学の自治も含まれる。
(4) 学問の自由は、日本国憲法において新設されたものである。
(5) 学問の自由であっても、公共の福祉による制約を受ける。

【模擬問題㉛】
　次は、大学の自治に関する記述である。誤っているものはどれか。
(1) 大学の施設や学生の管理は、文部科学省ではなく、原則として、当該大学が行うのが大学の自治である。
(2) 大学の自治が認められなければ、大学における学問の自由は保障されない。
(3) 大学の自治は、人事の自治、施設管理の自治および学生管理の自治に分けられる。
(4) 大学にはその施設の管理権があるから、たとえ適法な捜査令状に基づく警察官の立入りであっても、大学側はこれを拒否することができる。
(5) 警備公安活動のために警察官が大学構内に立ち入ることは、原則として許されない。

【模擬問題㉜】
　学問の自由に関する次の記述のうち、誤っているものはどれか。
(1) 大学以外の普通教育の場でも、一定の範囲における教授の自由が保障されている。
(2) 大学の自治の主体は、教授その他の研究者である。
(3) 学問の自由は、明治憲法下においても明文で保障されていた。

(4) 学問の自由は、沿革的には大学の自治として発展してきたものである。
(5) 学問は、個人の人格形成や社会の発展において重要な役割を果たす一方で、真理追求の過程で既存の価値観との衝突を生じ、国からの干渉や弾圧を受け易い。

〔3〕 自由権（経済的自由）

1 居住・移転、外国移住の自由

1 居住・移転の自由

(1) 意義・性格

　憲法第22条第1項は、「何人も、公共の福祉に反しない限り、居住、移転……の自由を有する」と規定する。「居住・移転の自由」とは、自己の希望するところに居住し、移転することについて、原則として、公権力によって妨げられないことを意味する。移転の自由には、旅行の自由も含まれる。

　居住・移転の自由は、経済的な生活の手段を獲得し、維持するための権利であり、その限りにおいて、一般に経済的自由権の一つとして捉えられている。しかし、信仰や学問の研究、あるいは他の人々とのコミュニケートや集合への参加のためというような精神的自由と結びつく居住・移転も考えられることから、居住・移転の自由は、精神的自由の側面（一面）をももっている。

(2) 居住・移転の制約

　居住・移転の自由は、精神的自由の場合と同様に、憲法第13条の公共の福祉による一般的制約（内在的制約）を受けるが、憲法第22条第1項があえて「公共の福祉に反しない限り」と定めているのは、居住・移転の自由がその経済的活動の面を重視して保障されてきたという歴史的沿革から、精神的自由の場合にくらべ、より制限され易いものとして、このような文言が付されたものとされている。

　公共の福祉による合理的な制約の例としては、刑事被告人の住居制限、伝染病予防法による患者の強制隔離、地震その他の災害から人命を保護するための避難指示（災害対策基本法第60条、第61条）、大規模地震防災のための交通禁止、制限、避難等の指示（大規模地震対策特別措置法第24条、第25条）などがある。

2　外国移住の自由
(1)　意義

憲法第22条第2項は、「何人も、外国に移住する……自由を侵されない」と定める。「外国に移住する自由」とは、行先の国が移住を認めることを前提として、外国に移住することを国が禁止してはならないことを意味し、移住には、一時的に外国（海外）に旅行することも含まれると解されている（最判昭和33年9月10日民集12巻13号1969頁）。したがって、国民は、この規定により、海外移住や海外旅行（渡航）の目的で、出国する自由を有することになるが、出国の自由が認められる以上、当然に帰国（入国）の自由も認められる。

(2)　外国移住の制約

外国移住の場合は、対外的な関係という事柄の性質上、国内における居住・移転の自由の場合と異なり、国際関係などによって一定の制約を受ける。すなわち、国際間において旅券制度が一般に採用されている以上、旅券を有しない者の出国を禁止することは当然に許される。また、旅券法第13条第5号は、「外務大臣において、著しく、かつ直接に日本国の利益又は公安を害する行為を行うおそれがあると認めるに足る相当な理由がある者」に対し、旅券の発給を拒否できる旨を規定しているが、この規定に基づく外務大臣の旅券発給の拒否は、出国の自由に対する制限にあたる。この点について最高裁判所は、公共の福祉のための合理的な制限であって、違憲ではないと判示している（前掲最高裁判例）。

(3)　外国人の出入国

憲法は、外国人のわが国への入国の自由は保障せず、外国人の入国を許すかどうかは、国際慣習上、わが国の裁量に委ねられている（最判昭和32年6月19日刑集11巻6号1663頁）。また、憲法は、外国人に在留の権利を当然に保障するものではなく、出入国管理及び難民認定法第21条第3項に基づく在留期間の更新を適当と認めるに足る相当の理由がある場合に在留が認めら

れ、その理由の有無の判断は、法務大臣の裁量に任せられている（最判昭和53年10月4日民集32巻7号1223頁）。ただ、憲法第22条第2項の外国移住の自由は、外国人にも保障されると認められるから（最判昭和32年12月25日刑集11巻14号3377頁）、一度入国を許された外国人は、特段の事由のない限り、わが国から出国する自由を有すると解されている。

3　国籍離脱の自由

憲法第22条第2項は、「何人も……国籍を離脱する自由を侵されない」と規定する。「国籍離脱の自由」とは、自己の意思によって日本の国籍を離れる自由をいうが、この自由は、無国籍になる自由までも認めるものではない。

日本の国籍法は、国籍の喪失および離脱の要件として、①自己の志望によって外国の国籍を取得したとき（同法第11条第1項）②外国の国籍を有する日本国民は、その外国の法令によりその国の国籍を選択したとき（同法同条第2項）、③外国で出生したことによりその国の国籍を取得した日本国民が、日本国籍を留保する意思を表示しないとき（同法第12条）は、それぞれ日本の国籍を失うと定め、また、④外国の国籍を有する日本国民は、法務大臣に届け出ることによって、日本の国籍を離脱することができる（同法第13条第1項）と定めている。したがって、国籍の離脱は、国民の意思によって自由にできるが、その前提として、外国の国籍を取得することが必要である。

【模擬問題㉝】
　居住・移転の自由、外国移住の自由等に関する次の記述のうち、誤っているものはどれか。
(1)　居住・移転の自由は、経済的自由権の一種であるが、精神的自由権の側面をもっている。
(2)　移転の自由や外国移住の自由には旅行の自由も含まれる。
(3)　居住・移転の自由は、無条件的な権利で、公共の福祉による一般的制限を受けない。

(4) 旅券を持っていない者に対して出国を拒否することは、外国移住の自由に反しない。
(5) 国籍離脱の自由は、外国の国籍を取得することが前提条件となっている。

2 職業選択の自由

1 意義・性格

　憲法第22条第1項は、「何人も、公共の福祉に反しない限り、……職業選択の自由を有する」と規定する。「職業選択の自由」とは、国民各人がどのような職業につくかを選択する自由をいい、自己の選択した職業を遂行する自由、すなわち営業の自由もこれに含まれる。職業選択の自由は、このような職業選択と営業活動の自由が、原則として、公権力によって妨げられないことを意味する。職業選択の自由は、個人が自己の生計を支えるという観点から経済的自由の一種とされているが、自己の個性や能力を発揮する場を選ぶという意味において精神的自由の一面をもっている。なお、明治憲法には、職業選択の自由に関する明文の規定が存在しなかった。

2 職業選択の自由に対する制約

　職業選択の自由も、他の自由権と同様に、憲法第13条の公共の福祉による一般的制約を受けるが、特に「公共の福祉に反しない限り」という文言が付されているのは、他の精神的自由と比較して、公権力による規制の要請が強いという趣旨を示したものとされている。

　職業は、もともと社会とのかかわりが深いものであり、無制限な営業活動を許すことになると、社会生活に不可欠な公共の安全と秩序の維持をおびやかすことになりかねないだけでなく、福祉国家の理念を実現するためには、例えば、中小企業を保護するための規制を行うなど政策的な配慮により積極

的な規制を加えることが必要となる場合が少なくないからである。

　職業の自由に対する制約は、主として営業の自由に対するものであるが、その制約は、通常、その目的に応じて、消極目的規制と積極目的規制に分けられる。このように分類される理由は、両規制についての合憲性の判断基準に差異があるためとされている。

「消極目的規制」とは、社会公共の安全と秩序を維持するために、自由な営業活動からもたらされる害悪を未然に防止するための規制であり、通常、警察的規制と呼ばれている。この規制は、警察比例の原則（規制措置は、社会公共に対する障害の大きさに比例して、規制の目的を達成するために必要な最小限度にとどめなければならないという原則）に基づくものでなければならないとされている。

　この消極目的規制に対する合憲性を判断する場合、規制法令について、規制の必要性と合理性が認められず、ゆるやかな規制手段、すなわち行政上の取締りの強化によっても十分に規制目的が達成できると認められる場合は、当該規制法令は違憲であるとされる（最判昭和50年4月30日民集29巻4号572頁「薬事法違反事件」）。

「積極目的規制」とは、福祉国家の理念に基づいて、経済の調和のとれた発展を確保し、特に社会的・経済的弱者を保護するために、社会・経済的政策の一環として行われる規制である。例えば、大型スーパーなどの巨大資本から中小企業を保護するための競争制限や中小企業相互間の過当競争の制限のほか、特許制などが積極目的規制の典型的な例とされている。なお、「特許制」とは、国が一定の公共的事業を営む権利を独占し、国民には本来当該事業を自由に行う権利を有していない場合に、国が当該事業を経営する能力のある者、あるいは当該事業を行わせることが公益に適合する場合に、その特定人のために事業を行う特権を付与する制度をいい、当該事業の経営について国の強い行政監督（コントロール）を受ける。

　この積極目的規制に対する合憲性の判断については、立法府の政策的判断

の尊重という立場から、その裁量を広く認め、「当該規制措置が著しく不合理であることが明白であると認められる場合に限って違憲とし得る」という、いわゆる「明白の原則」が適用される（最判昭和47年11月22日刑集26巻9号586頁「小売市場距離制限違反事件」）。

3　職業選択の自由に対する規制の態様

職業選択の自由に対する実定法上の規制手段としては、主として次のようなものがある。このうち、①ないし③は公共の福祉による一般的制約であり、④は政策的制約である。

① 届出制（指定数量未満の危険物等の貯蔵・取扱いの届出、大規模小売店舗営業の届出など）
② 登録制・資格制（医師、薬剤師、弁護士など）
③ 許可制（危険物施設、旅館・ホテル業、飲食業、風俗営業、貸金業など）
④ 特許制（電気、ガス、鉄道、バス、放送などの公益事業）

【模擬問題㉞】
　職業選択の自由に関する次の記述のうち、誤っているものはどれか。
(1) 職業選択の自由には、その職業を遂行しようとする営業の自由が含まれる。
(2) 職業選択の自由とは、職業の選択および営業の活動が、公権力によって妨げられないことを意味する。
(3) 危険物施設の許可制は、営業の自由に対する積極目的規制である。
(4) 職業選択の自由は、公共の福祉による一般的制約のほか、政策的制約を受ける。
(5) ガス事業に対する特許制は、営業の自由に対する積極目的規制である。

【模擬問題㉟】
次は、職業選択の自由に関する記述である。誤っているものはどれか。
(1) 明治憲法には、営業の自由に関する明文の規定がなかった。
(2) 営業の自由に対する消極目的規制の合憲性は、規制の必要性と合理性が認められ、行政上の取締というようなよりゆるやかな規制手段によっては、その目的を達成できない場合に認められる。
(3) 営業の自由に対する公共の福祉による一般的制約は、消極目的規制に属し、政策的制約は、積極目的規制に属する。
(4) 指定数量未満の危険物等の貯蔵・取扱いにかかる届出制は、消極目的規制に属する。
(5) 営業の自由に対する積極目的規制の合憲性については、当該規制措置が著しく不合理である場合に限って違憲とされる。

3 財産権の保障

1 財産権の不可侵

憲法第29条第1項は、「財産権は、これを侵してはならない」と規定する。この規定は、国民各人が現に有する個別的な財産権を保障するとともに、私有財産制度自体についても保障するものとされている。ここにいう「財産権」とは、すべての財産的権利を意味し、民法上の所有権その他の物権、債権、営業権、著作権・特許権などの無体財産権はもとより、水利権や河川占有権などのような公法的な権利の性質を有する私人の財産権も含まれる。「侵してはならない」とは、国民各人が現に有するこれらの財産権について、法律に基づかずに公権力によって剥奪したり、制限を加えることは許されないことを意味する。

2　財産権の内容

　憲法第29条第2項は、「財産権の内容は、公共の福祉に適合するように、法律でこれを定める」と規定する。この規定は、第1項で保障された財産の内容は、公共の福祉による一般的制約（内在的制約・当然に受忍すべき制約）および政策的必要性の見地から法律によって規制できるという趣旨を明らかにしたものである。したがって、行政府の制定した政・省令等の命令によって規制することは許されないが、ここにいう法律には条例も含まれ（通説）、条例による規制は許されると解されている。判例は、いわゆる「奈良県ため池条例事件」において、ため池の破損、決かい等による災害を未然に防止するため、ため池の堤とうに農作物を植える行為等を禁止する条例について、「災害を未然に防止するという社会生活上やむを得ない必要からくるものであって、当然に受忍されるべき制約である」として合憲と判示している（最判昭和38年6月26日刑集17巻5号521頁）。

　財産権の内容に対する内在的制約の例としては、防火安全や公衆衛生などの観点からなされる「消防法」・「建築基準法」などの防災法、「食品衛生法」などによる規制がある。また、政策的な制約の例としては、私的独占の排除等を定める「私的独占の禁止及び公正取引の確保に関する法律」、借地人や借家人を保護するための「借地借家法」などによる規制がある。

3　財産権の制限と正当な補償

　憲法第29条第3項は、「私有財産は、正当な補償の下に、これを公共のために用いることができる」と定める。この規定は、例えば、道路などの公共事業のため、私人の土地を収用するなど公共の利益のために私有財産を強制的に取得し、または制限することなどを認めるとともに、これに対し、社会的公平の見地から、それに見合う金銭的対価を補償しようとするものである。

　補償を必要とする場合は、私有財産に対して特別の犠牲を加えた場合、つまり公共の利益のために特定の私人の財産に加えられた負担が、その者が当然受忍すべき限度を超えている場合である。なお、消防法に基づく一定の防

火対象物（私有財産）に対する消防用設備等の規制は、火災危険の防止という公益目的のために関係者が当然に受忍すべき範囲内の負担であって特別の犠牲にはあたらない。

　私有財産に加えられた制限等が特別の犠牲にあたる場合は、これに対し正当な補償をしなければならないが、「正当な補償」とは、諸般の事情を考慮し、妥当、合理的と考えられる補償で足りるとする相当補償説が通説・判例の立場であり、完全補償説（当該財産の客観的な価格を全額補償しなければならないとする説）はとられていない（最判昭和28年12月23日民集7巻13号1523頁）。

　なお、補償の請求は、通常、関係法規の具体的な補償規定に基づいて行われるが（例えば、土地収用法第68条以下）、法令上補償規定を設けていない場合でも、憲法第29条第3項を直接の根拠として補償を請求することができる（最判昭和43年11月27日刑集22巻12号1402頁）。

【模擬問題㊱】
　財産権の保障に関する次の記述のうち、誤っているものはどれか。
(1) 憲法第29条第1項にいう財産権には、民法上の所有権その他の物権、債権、営業権、無体財産権のほか、水利権などの公法上の財産権も含まれる。
(2) 憲法第29条第3項にいう正当な補償とは、相当な補償、すなわち妥当、合理的と考えられる補償を意味する。
(3) 私有財産を公共のために用いることを定めた法律に具体的な補償規定がなくても、憲法第29条第3項を直接の根拠として補償を請求することができる。
(4) 消防法に基づく消防用設備等の規制は、火災危険の防止という公益目的のための規制であり、防火対象物の関係者が当然に受忍すべき範囲内の負担であって、特別の犠牲にはあたらない。

(5) 憲法第29条第2項により、財産権の内容は法律で定めることとされているので、条例で財産権に制限を加えることは違憲であり、許されない。

〔4〕 自由権（人身（身体）の自由）

　人身の自由は、身体の自由ともいわれ、人間がその身体を不当に拘束されない自由を意味する。そもそも身体の自由がなければ精神の自由もあり得ないことから、人身の自由は、精神的自由の前提となる自由として人間の尊厳を確保するための重要な基本的自由とされている。このため、日本国憲法は、第18条において、人権保障の基本となる奴隷的拘束からの自由および苦役からの自由を定め、さらに第31条および第33条ないし第39条において、刑事手続における被疑者や被告人などの権利や自由について詳細な規定を設けることによって、人身の自由を保障している。

1 奴隷的拘束および苦役からの自由

　憲法第18条第1項は、「何人も、いかなる奴隷的拘束も受けない。又、犯罪に因る処罰の場合を除いては、その意に反する苦役に服させられない。」と定め、人間の尊厳に反する非人道的な自由の拘束の廃絶をうたっている。この規定は、奴隷制度の廃止を規定したアメリカ合衆国連邦憲法第13条第1項に由来するものとされ、現在では、「世界人権宣言」第4条や「市民的および政治的権利に関する国際規約」第8条が同じような規定を定めている。「奴隷的拘束」とは、人格が全く認められていない非人間的な状態で身体が拘束されていることをいい、人身売買などがこれにあたる。「その意に反する苦役」とは、本人の自由意思を無視して強制的に服従させられる苦痛を伴う労役であって、その程度が奴隷的拘束、つまり人格が全く認められない拘束の状態に至らない場合をいう。いわゆる強制労働などがこれにあたる。

　この規定により、国は国民に対して奴隷的拘束を加えたり、犯罪による処罰の場合を除き、その意に反して苦役を強制することができない。また、本規定は私人間にも直接効力を有するから奴隷的拘束や苦役を内容とする私人

間の契約（例えば、債務弁済の方法として債務者に苦役を課したり、脅迫、監禁等の手段で強制労働をさせることなど）は、民法第90条（公序良俗違反）を介して無効とされる。そして、これらの人身の自由を保護するために「人身保護法」などが定められている。

なお、災害の復旧、消防、水防のため緊急の必要があると認められる場合に、区域住民等に対し一時的に労役を課すことができるが（災害対策基本法第65条・第71条、消防法第29条第5項、水防法第17条、災害救助法第24条・第25条、河川法第22条第2項、道路法第68条第2項）、これらは、公共の安全や福祉をおびやかす緊急事態の場合に要求される役務であって、憲法が禁止する苦役や強制労働にはあたらないと解されている。

2 法定手続の保障（適正手続の保障）

憲法第31条は、「何人も、法律の定める手続によらなければ、その生命若しくは自由を奪われ、又はその他の刑罰を科せられない」と規定する。この規定は、アメリカ合衆国憲法修正14条にいう「法の適正な手続によらないで、何人からも生命、自由または財産を奪ってはならない」とする適正手続条項（デュー・プロセス・オブ・ロー）に由来するもので、刑事手続における人権保障の総則的規定としての地位を占め、次のような原則を定めたものである。

1 刑事手続法定主義

憲法第31条にいう「法律の定める手続」とは、刑事手続（刑罰を科す手続）は、法律で定めなければならず、しかも、その手続の内容は適正でなければならないことを意味する。すなわち、公権力が国民に刑罰を科し、不利益を与える場合には、あらかじめその内容を当事者に伝え（告知し）、それについて当事者が弁解したり、防御したりする機会（聴聞の機会）を与えなければならない（最判昭和37年11月28日刊集16巻11号1593頁（第三者所有物没収

事件))。

2　罪刑法定主義

　憲法第31条は、罪刑法定主義の原則をも明らかにしているものと解されている。罪刑法定主義とは、どのような行為が犯罪とされ、これに対してどのような刑罰が科せられるかは、あらかじめ法律で明確に定められていなければならないという原則で、一般に、「法律なければ犯罪なく、法律なければ刑罰なし」という文言で表現されている。

　この原則から、①法律（法律によって刑罰を設けることが授権（委任）されている法令を含む）以外の法規によって刑罰を科すこと、なお、地方自治法第14条第1項に基づく包括的な罰則の委任または消防法第46条に基づく個別的な罰則の委任によって火災予防条例に罰則規定が設けられた場合、当該条例上の罰則規定は、ここにいう「法律」に含まれる。②ある行為の後に制定された刑罰法規をその行為にさかのぼって適用し、処罰すること、すなわち、事後立法によるそ及処罰（刑罰法規のそ及適用）、刑罰法規の拡張解釈や類推解釈などは、罪刑法定主義に反する行為、すなわち憲法第31条に違反する行為として禁止されることになる。このほか、不明確な刑罰法規の定立も憲法第31条違反となる。

3　法定手続と行政手続

　憲法第31条の法定手続の保障は、本来、刑事手続の場合を予定したものであるが、税務調査などの行政調査のための事業所への立入りという行政手続にも準用されるとするのが通説である。判例も川崎民商事件判決において、憲法第35条（住居の不可侵権）、第38条（供述拒否権）に限って行政手続にも及ぶことを認め（最判昭和47年11月22日刑集26巻9号554頁）、さらに成田新法事件において、①行政手続が刑事手続でないとの理由のみで、当然に31条の保障がないと判断すべきではない。②同条の保障があると解される場合でも、行政手続は刑事手続と性質が異なるので、事前の告知、弁解、防禦の機会を与えるかどうかは、行政処分により制限を受ける権利利益の内容、性

質、制限の程度、行政処分によって達成しようとする公益の内容、程度、緊急性等を総合的に判断して決定されるべきであると判示し、31条の行政手続への適用ないし準用を認めている（最判平成4年7月1日判時1425号45頁）。

3 不法な逮捕および抑留・拘禁からの自由

1 不法な逮捕からの自由

憲法第33条は、「何人も、現行犯として逮捕される場合を除いては、権限を有する司法官憲が発し、かつ理由となっている犯罪を明示する令状によらなければ、逮捕されない」と規定する。この規定は、主として捜査の過程における被疑者の権利を定めたものであるが、被疑者の逮捕に司法官憲（裁判官）の発する令状（逮捕状、勾引状、勾留状）を必要としているのは、恣意的な人身の自由の侵害を阻止するためである。「逮捕」とは、捜査機関が実力をもって被疑者の身体の自由を拘束することをいう。

令状（逮捕状）は、司法官憲、つまり裁判官が逮捕の必要性を判断して発行する。

なお、緊急逮捕（刑訴法第210条）の場合、令状はその直後に発せられるが、これについて最高裁は、「厳格な制約の下に、罪状の重い一定の犯罪のみについて、緊急已むを得ない場合に限り、逮捕後直ちに裁判官の審査を受けて逮捕状の発行を求めることを条件とし、被疑者の逮捕を認めることは、憲法33条の規定の趣旨に反するものではない」と判示し、その合憲性を認めている（最判昭和30年12月14日刑集9巻13号2760頁）。

現行犯逮捕の場合、令状主義が除外されているのは、現行犯人は、真犯人であることが明白であって無実の者を不当に拘束するおそれ（誤認逮捕のおそれ）がなく、また、緊急に逮捕する必要があるからである。犯罪行為を終えてから間もないと明らかに認められる者についても、準現行犯として令状なしに逮捕できることになっている（刑訴法第212条第2項）。

2　不法な抑留・拘禁からの自由

憲法第34条は、「何人も、理由を直ちに告げられ、かつ、直ちに弁護人に依頼する権利を与えられなければ、抑留又は拘禁されない。又、何人も、正当な理由がなければ、拘禁されず、要求があれば、その理由は、直ちに本人及びその弁護人の出席する公開の法廷で示されなければならない」と規定する。この規定も被疑者の権利として、逮捕後になされる不当な身体の拘束を防止するため、その要件を定めたものである。

「抑留」とは、一時的な身体の自由の拘束をいい、刑事訴訟法上の逮捕・勾引に伴う留置はこれにあたる。「拘禁」とは、継続的な身体の自由に対する拘束を指し、刑事訴訟法上の勾留・鑑定留置はこれにあたる。この拘禁についてのみ、要求があれば、その理由を公開の法廷で示さなければならないという手続的保障がなされているが、これは不法な拘禁を防止しようとするものである。この憲法の規定を受けて、刑事訴訟法は、拘留理由開示制度を設けている（刑訴法第83条ないし第86条）。

しかし、この制度は拘禁という処分があった場合だけに適用されるものであるから、拘禁以外の不法な拘束や刑事手続によらない不法な拘束については適用されない。このようなことから、これらの不法な拘束を救済するため、別に人身保護法が制定されている。同法によれば、法律上正当な手続によらないで、身体を拘束されている者または何人も被拘束者のために、裁判所に対しその救済を求めることができ、裁判所は、その請求に理由があると認めるときは、判決をもって被拘束者を直ちに釈放しなければならないことになっている（人身保護法第2条・第6条・第16条第3項）。

4 不法な侵入、捜索、押収からの自由

憲法第35条第1項は、「何人も、その住居、書類及び所持品について、侵入、捜索及び押収を受けることのない権利は、第33条の場合を除いては、正当な

理由に基づいて発せられ、かつ捜索する場所及び押収する物を明示する令状がなければ侵されない」と規定し、同第2項は、「捜索又は押収は、権限を有する司法官憲が発する各別の令状により、これを行う」と定める。この規定も基本的に被疑者の権利を定めたものである。

「各人の住居は、彼の城であり、雨や風は入ることができても、国王は入ることができない」という法諺に示されているように、各人の住居は私生活の中心である。したがって、住居の不可侵を保障することは、私生活の自由ひいては人身の自由を守ることであり、自由主義社会の基盤の一つである。そして、住居の不可侵の保障は、各人が有する書類や所持品についても当然に及ぶ。

ここで「住居」とは、人が居住のために使用している建造物をいい、およそ人の私生活の自由やプライバシーを尊重しなければならないと認められる場所を意味するから、事務所や旅館・ホテルの客室などもこれに含まれる。「書類及び所持品」とは、人が占有するすべての物を指す。書類も所持品の一種であるが、特に書類を掲げているのは、通常の所持品にくらべ、その内容が証拠として重要な意味をもっていることが多いからである。「侵入」とは、住居の管理者の承諾なしに、またはその意思に反して住居内に立ち入ることをいい、「捜索」とは、一定の場所について物または人を探すことをいい、刑事訴訟法上は、人の身体、物件または住居その他の場所について、証拠物または没収すべきと思料される物の発見を目的とする強制処分とされている（刑訴法第102条・第126条・第218条・第220条第1項など）。「押収」とは、特定の物の占有を強制的に取得することをいい、刑事訴訟法上は、占有者などから強制的に占有を取得する差押（刑訴法第99条・第218条第2項・第222条）、遺留された物または任意に提出された物の占有を取得する領置（刑訴法第101条・第221条）をいうが、憲法が規定している押収は、このうちの差押を指す。「33条の場合」とは、令状による逮捕の場合と令状によらない現行犯逮捕との両者を指すと解されている。「各別の令状」とは、捜索令状お

よび押収令状をいう。

　憲法第35条の規定は、本来、刑事手続に適用されるものであって、行政手続には直接適用されない。しかし、行政手続であっても、実質上、犯罪捜査の意味をもつ国税犯則取締法第2条による収税官吏の犯則事件調査のための臨検、捜索、差押には、裁判所の許可状を要するとしている。関税法による犯則事件調査についても同様である。

　ところで、犯則事件調査でない所得税法による収税官吏の検査は、裁判所の令状を必要とせずに強制的に行われることから、その違憲性が争われた「川崎民商事件」について、最高裁は次のように判示し、その違憲性を否定している。

「憲法第35条1項の規定は、本来、主として刑事責任追及の手続における強制について、それが司法権による事前の抑制の下におかれるべきことを保障した趣旨であるが、当該手続が刑事責任追及を目的とするものでないとの理由のみで、その手続における一切の強制が当然に右規定による保障の枠外にあると判断することは相当でない。しかしながら、前に述べた諸点（収税官吏の検査は、もっぱら所得税の公平確実な賦課徴収のために必要な資料を収集することを目的とする手続であって、その性質上、刑事責任の追及を目的とする手続ではないこと、また、右検査が刑事責任追及のための資料の取得収集に直接結びつく作用を一般的に有するものと認められないことなど）を総合して判断すれば、旧所得税法70条10号・63条に規定する検査は、あらかじめ裁判官の発する令状によることをその一般的要件にしないからといって、これを憲法35条の法意に反するものとすることはできない」（最判昭和47年11月22日刑集26巻9号554頁）。

　なお、犯罪捜査と直接関係がなく、行政目的のために行われる住居への立入検査など（例えば、消防法第4条第1項ただし書・第4条の2、食品衛生法第17条、伝染病予防法第14条、警察官職務執行法第6条など）は、憲法第35条とは関係がない。

5 刑事裁判における被告人の権利

　刑罰は人の自由に対する重大な制限や侵害であるため、その内容はもとより、刑罰を科する手続については、慎重、かつ、公明・公正さが要求される。憲法は、主として被告人の権利を保障するため、次のような刑事手続に関する規定を設けている。

1　公平な裁判所の迅速な公開裁判を受ける権利

　憲法第37条第1項は、「すべて刑事事件においては、被告人は、公平な裁判所の迅速な公開裁判を受ける権利を有する」と規定する。ここで、「公平な裁判所」とは、その組織と構成が偏頗や不公平のおそれのない裁判所のことをいい（最判昭和23年5月26日刑集2巻5号511頁）、このような裁判所の裁判であれば、具体的な事件について、事実の誤認、法令違反、量刑不当などがあっても、上訴制度によってこれをカバー（是正）することができるから、このこと自体憲法第37条第1項に違反する裁判とはいえない。公平な裁判所の裁判を保障するための手続として裁判官等の除斥、忌避および回避の制度がある（刑訴法第20条以下、第377条等）。

　「迅速な裁判」とは、適正な裁判が行われるために必要な期間を超えて不当に遅延しない裁判をいう。

　被告人に迅速な裁判を受ける権利が保障されているのは、不当に遅延した裁判は「裁判の拒否」に等しいからである。すなわち、裁判が著しく遅延すると、被告人は長期間不安定な地位に置かれ、また、その間に証拠も散逸し、防禦権の行使が妨げられることになるからであるとされている。かつて最高裁は、迅速な裁判を受ける権利について、「裁判に迅速を欠いた違法があるからといって、原判決を破棄すべきものとすれば、差戻すほかはない。しかし、そうすれば裁判の進行は、更に一層阻害されて、憲法の保障は、いよいよ裏切られる矛盾を生ずるであろう。それ故、裁判が迅速を欠き憲法37条1項に違反したとしても、それは判決に影響を及ぼさないことが明らかである

から、上告の理由とすることができない。」として（最判昭和23年12月22日刑集2巻14号1853頁）、裁判の遅延は、原判決破棄の理由にならないという立場をとっており、その後もこの考え方が踏襲されていた。しかし、最高裁は、昭和47年に15年余にわたって審理が中断されていた高田事件判決において（最判昭和47年12月20日刑集26巻10号631頁）、従来の考え方を改め、審理の著しい遅延の結果、迅速な裁判を受ける被告人の権利が害されたと認められる異常な事態が生じた場合には、これに対処すべき具体的規定がなくても、その審理を打ち切るという非常救済手段をとることが許されると解し、免訴を言い渡した。

その後最高裁は、約9年余の審理中断のあった事件について、その中断はもっぱら被告人側の責に帰すべきものであって、被告人側が訴訟上の不利益を蒙ったと認められず、憲法37条1項に違反しない旨を判示し（最判昭和48年7月20日刑集27巻7号1322頁）、また、二度の差戻判決があったため、第3次控訴審判決まで21年余を要し、かつ、第3次控訴審においても7年間の審理中断があった事件において、被告人側が審理の促進を求めなかったことおよび審理中断により不利益を蒙ったと認められないことを理由に、同条同項に違反しない旨を判示している（最判昭和49年5月31日判例時報745号104頁）。

「公開裁判」とは、対審（対立する両当事者「検察官および被告人・弁護人」に互いにその主張を争わせて、これを審理すること）および判決が公開の法廷で行われる裁判のことをいう。

2 刑事被告人の証人審問権・喚問権

憲法第37条第2項は、公正な裁判を確保するため、「刑事被告人は、すべての証人に対して審問する機会を十分に与えられ、また、公費で自己のために強制的手続により証人を求める権利を有する。」と規定し、刑事被告人に証人審問権および証人喚問権の二つの権利を保障している。

(1) 証人審問権

「証人審問権」とは、すべての証人に対して尋問する機会を十分に与えられる権利のことで、アメリカ合衆国憲法修正第6条の「自己に不利益な証人と対審する権利」に由来し、一般に反対尋問権といわれているものである。このような権利が認められているのは、被告人が自己に不利益な証言をする証人に対し、十分に反論する機会もなく、その証言がそのまま採用されることになれば、裁判の公正さが失われ、真実の発見も困難になるからであるとされている。

　したがって、反対尋問の機会が与えられない証人の証言は、原則として証拠とすることができないという伝聞証拠（反対尋問の機会が与えられない証拠）の禁止の法則（伝聞法則）の憲法上の根拠は、憲法第37条第2項にある。

　この規定を受けて、刑事訴訟法は、第320条以下に伝聞証拠に関する規定を設けているが、伝聞証拠を禁止する伝聞法則は、あくまでも原則であって、反対尋問の機会がなくても真実であることの蓋然性が高いものについては、伝聞法則の例外が認められ（刑訴法第321条ないし第324条）、また、反対尋問権は、放棄することができることになっている（同法第326条・第327条）。

　被告人の尋問の対象は、すべての証人となっているが、証人のすべてを尋問しなければならないという趣旨ではなく、具体的事件について、必要適切な証人を尋問すれば足り、その判断は、裁判所の健全な自由裁量に委ねられている（最判昭和23年7月14日刑集2巻8号856頁）。

(2) **証人喚問権**

　「証人喚問権」とは、被告人が公費で自己のために強制的手段により証人を求める権利のことで、この権利を、アメリカ合衆国憲法修正第6条の「自己に有利な証人を得るために強制的手続をとる権利」にならったものとされているが、同憲法には、公費による証人喚問権が認められていない。憲法第37条第2項が公費による証人喚問権を認めているのは、被告人が貧困の場合、証人尋問権の行使が妨げられることがないようにするためであって、被告人が有罪の言渡しを受けた場合、その訴訟費用を被告人に負担させてはな

らないという趣旨ではないとされている（最判昭和23年12月27日刑集2巻14号1934頁）。また、証人喚問権についても、裁判所は、被告人から申請された証人のすべてを喚問する必要はなく、その裁判をするために必要適切な証人を喚問すればよいことになっている（最判昭和23年7月29日刑集2巻9号1045頁）。

3　弁護人依頼権

　憲法第37条第3項は、「刑事被告人は、いかなる場合にも、資格を有する弁護人を依頼することができる。被告人が自らこれを依頼することができないときは、国でこれを付する」と規定する。この規定は、刑事被告人に対し十分な防禦活動ができるよう弁護人依頼権を保障するほか、貧困等の理由で自ら弁護人を依頼することができない場合の国選弁護について定めたものである。

　弁護人依頼権は、本来、被告人自らが行使すべきものであるが、刑事訴訟法は、被告人にこの権利を行使する機会を与えるため、裁判官、検察官、司法警察員に対し、被告人または被疑者に対し弁護人選任権のあることを告知するなどの措置をとることを要求している（刑訴法第272条・第77条・第78条・第203条・第209条・第211条・第216条）。「いかなる場合にも」とは、刑事訴訟手続におけるすべての段階を指し、「資格を有する弁護人」とは、弁護士法による弁護士の資格を有する者をいう。「被告人が自ら弁護人を依頼することができないとき」とは、主として、被告人が貧困である場合を指す（刑訴法第36条）。

　国選弁護人の費用は国が負担するが、判決言渡し後、被告人が相続などで資力を回復した場合、あるいは貧困以外の理由で国選弁護人を選任した場合、刑事訴訟法は、その訴訟費用を被告人に負担させることになっている（刑訴法第181条）。

　憲法第37条第3項の趣旨は、被告人が弁護人を依頼する意思がある場合に、その依頼権の行使を妨げてはならないということであって、被告人の意思に

反してまで弁護人を付することを要求しているわけではない。しかし、刑事訴訟法第289条は、「死刑又は無期若しくは長期3年以上を超える懲役若しくは禁錮にあたる事件を審理する場合には、弁護人がなければ開廷することはできない。」と定め、一定の重罪事件については、たとえ被告人が弁護人依頼権を放棄し、弁護人なしで裁判を受ける意思があっても、必ず弁護人を付さなければならないこととしている。

4 不利益供述拒否権

憲法第38条第1項は、「何人も、自己に不利益な供述を強要されない。」と定め、不利益供述拒否権を保障している。これは、アメリカ合衆国憲法修正第5条の自己負罪拒否の特権に由来するものとされている。「自己に不利益な供述」とは、自己に刑罰を科せられることとなる犯罪事実や量刑上不利益となる事実など刑事責任について不利益となる事実を供述することをいう。

この憲法の規定を受けて刑事訴訟法は、被疑者について、「自己の意思に反して供述する必要がない旨を告げなければならない。」と定め（刑訴法第198条第2項）、被告人について、「終始沈黙し、又は個々の質問に対し陳述を拒むことができる。」と定め（同法第311条第1項）、いわゆる黙秘権を保障している。ただし、被疑者や被告人の氏名などは、原則として不利益な事実とはいえないから、黙秘権は及ばないとされている（最判昭和32年2月20日刑集11巻2号802頁）。

なお、不利益供述拒否権は、被疑者や被告人だけでなく何人にも保障されている。

※ 憲法第38条第1項と消防法第4条第1項等との関係

最高裁は、川崎民商事件（所得税法違反事件）において、「憲法38条1項の保障は、純然たる刑事事件においてばかりでなく、それ以外の手続においても、実質上、刑事責任追及のための資料収集に直接結びつく作用を一般的に有する手続には、ひとしく及ぶものと解するを相当とする。しかし、所得税法上の検査、質問の性質がもっぱら所得税の公平確実な賦課徴収を目的と

するものである以上、同法の規定そのものが憲法38条1項にいう「自己に不利益な供述を強制するものということはできない。」と判示している（最判昭和47年11月22日刑集26巻9号554頁）。

この判決の考え方によれば、行政法規上の質問権の行使について、憲法第38条第1項の供述拒否権が適用されるためには、①刑事責任の追及を目的とする行政手続であること、②そのための資料の取得収集等に直接結びつく作用を一般的に有するものであることが必要であるが、消防法第4条第1項等の質問権の目的、機能および強制性について考えると次のとおりである。

(1) **質問権の目的**

消防法第4条第1項等の質問権の目的は、火災の予防（防止）という公益目的実現のため、つまり、火災予防に関する消防法令の履行状況等のチェックという行政監督のために行われるものであり、直接消防法令違反の刑事責任の追及を目的とするものではない。質問の結果、消防法令違反等の確認に結びつくことがあっても、当該違反等については、通常の行政手続として、行政指導や措置命令等の行政措置によってその是正が図られるシステムになっている。

(2) **質問権の機能（作用）および強制性**

本質問権は、立入検査権の補完手続として、視覚等の五感作用による検査方法のみでは把握し得ない火災予防上の必要な事項について、これを把握する一般的な役割をもつにすぎず、刑事責任追及のための資料の収集等と直接結びつくような一般的な機能をもつものではない。

消防法令違反を告発し、その刑事責任を追及するような場合には、その証拠資料として質問調書を作成することがあるが、これはいわば例外的なケースであって、質問権のもつ一般的な機能ということはできない。

また、本質問権の強制性に着目するとき、本質問権には罰則の担保がなく、質問に対する答弁については、心理的間接的強制すら行い得ない。本質問権に対する相手方の答弁の要否については、法的には全く自由である。

以上のことから、本質問権は、消防法令違反の刑事責任の追及を目的とするものではなく、また、質問権の一般的機能として、刑事責任を追及するための資料の収集等と直接結びつくような機能をもっているものとはいえない。

したがって、本質問権には憲法第38条第1項の供述拒否権の適用はないと解される。

5 自白強要の禁止

憲法第38条第2項は、「強制、拷問若しくは脅迫による自白又は不当に長く抑留若しくは拘禁された後の自白は、これを証拠とすることができない。」と定め、被疑者または被告人の行った任意性のない自白の証拠能力を否定する原則（自白排除の法則）を明らかにしている。「強制」とは、自由意思を抑圧するすべての行為をいい、本来、拷問や脅迫もこれに含まれるが、あえて別に例示されているのは、強制の代表的な方法として特に強調する意図があったものと思われる。「拷問」とは、犯罪の有無が明らかでないのに、自白をさせるために身体、精神に苦痛を与えることをいい、「脅迫」とは、相手方をおそれさせる目的をもって不法の害悪を加えることを示すことをいう。拷問や脅迫以外の方法として、食事や睡眠をとらせない継続的な取調べ、偽計や利益誘導による取調べの方法なども強制にあたると解されている。「不当に長く」の判断は、事件の性質、難易、関係者の人数、罪証隠滅のおそれその他諸般の事情を総合して決定されるべきものとされている。

6 自白と補強証拠

憲法第38条第3項は、「何人も、自己に不利益な唯一の証拠が本人の自白である場合には、有罪とされ、又は刑罰を科せられない。」と定め、たとえ任意性のある自白であっても、本人の自白のみではこれを補強する証拠が別にない限り、有罪の証拠とすることができないとしている。

この規定の趣旨は、自白一般の証拠能力を否定するものではなく、任意性のある自白であっても必ずしも真実とは限らないので、その証明力を制限し、

これを補強する他の証拠がある場合に限って、自白の証明力を完全に認めようとするものである。しかし、自白の補強証拠は、必ずしも、自白した犯罪事実の全部にわたってもれなく必要であるとされるのではなく、自白の真実性を保障し得るものであれば足りるとされている（最判昭和24年4月30日刑集3巻5号691頁）。

なお、公判廷における被告人の自白は、憲法第38条第3項にいう「本人の自白」には含まれないとされている（最判昭和23年7月29日刑集2巻9号1012頁）。これは、公判廷における被告人の自白は、任意性を有し、裁判所がその真実性を他の証拠を待つまでもなく自ら直接に判断できるという理由、つまり、公判廷における被告人の自白の証明力は完全であるという理由に基づくものである。

7　刑罰の不そ及（そ及処罰の禁止）、一事不再理および二重処罰の禁止

憲法第39条は、「何人も、実行の時に適法であった行為又は既に無罪とされた行為については、刑事上の責任を問われない。又、同一の犯罪について、重ねて刑事上の責任を問われない。」と規定し、刑罰の不そ及、一事不再理および二重処罰の禁止の原則を定めている。

(1)　刑罰の不そ及（そ及処罰の禁止）の原則

何人も、実行の時に適法であった行為については、刑事上の責任を問われない（第39条前段前半）。

この規定は、行為当時適法であった過去の行為に対して、その後制定または改正された刑罰法規をそ及して適用し、処罰することを禁止したもので、「事後法の禁止」ともいわれている。

なお、この規定は、刑法やその他の刑罰法規のような刑事実体法のそ及適用を禁止しているものであって、刑事手続法である刑事訴訟法については、原則として、適用されないと解されている。すなわち、刑事訴訟法は、過去の犯罪行為についても新法または改正法がそ及適用される。過去の犯罪行為を審理する訴訟法は、行為の時に存在した法（行為時法）ではなく、裁判に

おいて審理する際に存在する法（裁判時法）でなければならないからである。

(2) 一事不再理の原則

何人も、既に無罪とされた行為については、刑事上の責任を問われない（第39条前段後半）。

ここで、「既に無罪とされた行為」とは、確定判決により無罪となった行為をいい、犯罪後に刑の廃止や大赦・特赦などの恩赦があった場合はこれに含まれない（最判昭和26年5月30日刑集5巻6号1205頁等）。したがって、この規定は、何人も、ある行為について、一旦無罪の判決が確定した以上、その判決を変更して有罪とすることはできないことを意味する。被告人の権利に関するこのような考え方を一事不再理の原則という。

(3) 二重処罰の禁止の原則

何人も、同一の犯罪については、重ねて刑事上の責任を問われない（第39条後段）。

ここで、「同一の犯罪」とは、確定判決を受けた犯罪をいい、したがって、この規定は、一旦ある行為について有罪が確定し、処罰された後、その行為について、さらに別の犯罪として処罰されることがないことを意味する。このようなことから、例えば、消防法第17条の4第1項の消防用設備等設置命令違反で告発・起訴されたホテルの関係者が、有罪判決（罰金刑）を受けた後、依然として当該設備の設置を怠っていた場合、再度命令を発し、受命者がこれに従わなかったときは、命令違反として再度告発、起訴することは可能と解される。この場合、確定判決を受けた前の命令違反と未だ確定判決を経ていないあとの命令違反とは同一の犯罪ではない。したがって、二重処罰禁止の原則に反しないからである。

また、検察官が無罪の判決に対して有罪の判決を求めたり、有罪の判決に対して、より重い判決を求めて上訴（控訴・上告）することは、憲法39条に違反せず合憲とされている（最判昭和25年9月27日刑集4巻9号1805頁）。

なお、この規定は、同一の犯罪について重ねて刑事上の責任を問われない

こと、つまり重ねて処罰を受けないことを定めているのであるから、刑罰以外の制裁を併科することは禁止されていないと解されている。例えば、道路交通法違反者に対し、刑罰のほか運転免許の停止処分（行政処分）を命ずることは禁止されていないとされている（最判昭和35年３月10日刑集14巻３号326頁）。

8　残虐刑の禁止

　憲法第36条は、「公務員による拷問及び残虐な刑罰は、絶対にこれを禁ずる。」と規定する。ここで、「拷問」とは、被疑者や被告人の犯罪の有無が明らかでないのに、自白を強要するために身体的、精神的に苦痛を与えることをいい、殴る、蹴るなどの暴行のほか、食事を与えないことや眠らせないことなどもこれに該当する。拷問による自白は、これを証拠とすることができない（第38条第２項）。

　このように、被疑者や被告人から自白を得る手段としての拷問は、自白が有罪の決め手となっていた明治憲法時代において、法律で禁止されていたにもかかわらず、現実にはしばしば行われていたことから、憲法第36条は、特に「絶対に」とことわってこれを禁止している。「残虐な刑罰」とは、「不必要な精神的、肉体的苦痛を内容とする人道上残酷と認められる刑罰をいう（最判昭和23年６月30日刑集２巻７号777頁）。死刑がこれに該当するか否かについて、最高裁は、「死刑の威嚇力によって一般予防をなし、死刑の執行によって特殊な社会悪の根元を絶ち、これをもって社会を防衛せんとしたもの」を理由として、現行の絞首方法による死刑そのものは、残虐な刑罰に該当しないと判示している（最判昭和23年３月12日刑集２巻３号191頁）。

【模擬問題㊲】
　憲法第18条に定める奴隷的拘束・苦役からの自由に関する記述のうち、誤っているものはどれか。
(1)　「奴隷的拘束」とは、人格を無視するような方法で身体を拘束する

ことをいう。
(2) 「その意に反する苦役」とは、本人の自由意思を無視して強制的に服従させられる苦痛を伴う労役をいう。
(3) 消防法第29条第5項に基づく火災現場付近にある者に対する消防作業従事命令は、その意に反する苦役に服させることにはあたらない。
(4) 憲法第18条は、公権力によって奴隷的拘束を行うことやその意に反する苦役を強制することを禁止したものである。
(5) 私人による奴隷的拘束やその意に反する苦役の強制も憲法第18条によって禁じられている。

【模擬問題㊳】
人身の自由に関する次の記述のうち、誤っているものはどれか。
(1) 被告人は公平な裁判所の迅速な公開裁判を受ける権利を奪われない。
(2) 何人も宗教上の行為、祝典、儀式または行事に参加することを強制されない。
(3) 何人も法律の定める手続によらなければその生命もしくは自由を奪われ、またはその他の刑罰を科せられない。
(4) 何人もいかなる奴隷的拘束を受けない。また、犯罪による処罰の場合を除いては、その意に反して苦役に服させられない。
(5) 何人も現行犯として逮捕される場合を除いては、権限を有する司法官憲が発し、かつ、理由となっている犯罪を明示する令状によらなければ逮捕されない。

【模擬問題㊴】
憲法第31条に定める法定手続の保障に関する次の記述のうち、誤っ

ているものはどれか。

(1) 憲法第31条の法定手続の保障は、刑事手続に関するものであって、行政手続には適用されない。
(2) 不明確な刑罰法規も憲法第31条に違反する。
(3) 刑事手続法定主義とは、刑事手続は法律で定めなければならず、しかも、その手続の内容は、適正でなければならないということである。
(4) 罪刑法定主義とは、どのような行為が犯罪とされ、これに対してどのような刑罰が科せられるかは、あらかじめ法律で明確に定められていなければならないということである。
(5) 事後立法によるそ及処罰は、罪刑法定主義に反するから憲法第31条違反となる。

【模擬問題㊵】

憲法に定める不法な逮捕および抑留・拘禁からの自由に関する次の記述のうち、誤っているものはどれか。

(1) 不法な逮捕や抑留・拘禁からの自由は被告人の権利を護るためのものである。
(2) 何人も、理由を直ちに告げられ、かつ、直ちに弁護人に依頼する権利を与えられなければ、抑留または拘禁されない。
(3) 抑留とは、人の身体の自由を一時的に拘束することをいい、刑事訴訟法では、「留置」という語が用いられている。
(4) 現行犯逮捕が令状主義から除外されているのは、犯人が明白で誤認逮捕のおそれがなく、また、緊急に逮捕する必要があるからである。
(5) 権限を有する司法官憲とは、裁判官のことである。

【模擬問題㊶】

不法な侵入、捜索、押収からの自由に関する次の記述のうち、誤っているものはどれか。

(1) 捜索または押収は、権限を有する司法官憲が発する各別の令状（捜索令状、押収令状）によって行われなければならない。
(2) 消防法第4条第1項ただし書に基づく個人の住居への立入りは、憲法第35条の適用を受けない。
(3) 住居には、ホテル・旅館の客室なども含まれる。
(4) 押収とは、特定の物の所有権を強制的に取得することをいう。
(5) 憲法第35条は、本来、刑事手続に適用されるものであるが、行政手続に適用される場合もある。

【模擬問題㊷】

刑事裁判における被告人の権利に関する次の記述のうち、誤っているものはどれか。

(1) 不公平な裁判所とは、その組織および構成が不公平のおそれのある裁判所のことである。
(2) 事実誤認や量刑不当などの判決を言い渡した裁判所は、不公平な裁判所である。
(3) 公平な裁判所の裁判を保障するために裁判官等の除斥や忌避等の制度がある。
(4) 迅速な裁判とは、適正な裁判が行われるために必要な期間を超えて不当な遅延をしない裁判をいう。
(5) 公開裁判とは、対審および判決が公開の法廷で行われる裁判のことである。

【模擬問題㊸】

　刑事裁判における被告人の権利に関する次の記述のうち、誤っているものはどれか。

(1) 公正な裁判を確保するための被告人の権利として、証人尋問権と証人喚問権がある。
(2) 伝聞証拠禁止の法則の憲法上の根拠は、憲法第37条第2項である。
(3) 被告人に反対尋問の機会が与えられていない証人の証言は、すべて証拠とすることができない。
(4) 被告人の反対尋問権は、これを放棄することができる。
(5) 被告人の証人喚問権とは、被告人が公費で自己のために強制的手段により、証人を求める権利のことである。

【模擬問題㊹】

　刑事裁判における被告人の権利に関する次の記述のうち、誤っているものはどれか。

(1) 被告人の弁護人依頼権は、十分な防禦活動を保障するために認められた権利である。
(2) 一定の重罪事件については、必ず弁護人を付さなければならない。
(3) 供述拒否権は、被疑者および被告人に認められた権利である。
(4) 被疑者や被告人の氏名は、黙秘権の対象とならない。
(5) 消防法第4条第1項等の質問権は、憲法第38条第1項の供述拒否権の対象とならない。

【模擬問題㊺】

刑事裁判における被告人の権利に関する次の記述のうち、誤っているものはどれか。

(1) 拷問による自白は証拠とすることができないが、拷問とは、自白をさせるために身体や精神に苦痛を与えることをいい、広い意味で強制に含まれる。

(2) 任意性のある自白であっても、本人の自白のみでは有罪の証拠とすることはできない。

(3) 公判廷における被告人の自白は、憲法第38条第2項にいう本人の自白に含まれる。

(4) 自白の補強証拠は、必ずしも自白した犯罪事実の全般にわたる必要がなく、自白の真実性を保障し得るものであればよい。

(5) 公判廷における被告人の自白は、憲法第38条第2項にいう本人の自白に含まれない。したがって、補強証拠なしに証拠とすることができる。

【模擬問題㊻】

刑事裁判における被告人の権利に関する次の記述のうち、誤っているものはどれか。

(1) 刑罰法規不そ及の原則は、刑事訴訟法に基づく刑事手続には適用されない。

(2) 検察官が一審で無罪となった行為について、有罪の判決を得るために控訴することは、二重処罰禁止の原則に抵触しない。

(3) 刑罰法規は、施行前の行為に対して適用されない。

(4) 裁判でひとたび無罪が確定した行為については、あらためて有罪と

されることはない。
(5) ある犯罪として処罰された行為について、別の罪名で処罰することは可能である。

【模擬問題㊼】
　残虐な刑罰の禁止に関する次の記述のうち、誤っているものはどれか。
(1) 拷問とは、被疑者や被告人の自白を強要するために、その身体的（肉体的）苦痛を与えることをいう。
(2) 被疑者にすい眠時間を与えない行為も拷問にあたる。
(3) 拷問による自白は証拠とすることができない。
(4) 判例によれば、絞首刑は残虐な刑罰にあたらないとされている。
(5) 残虐な刑罰とは、不必要な精神的、肉体的苦痛を内容とする人道上残酷と認められる刑罰をいう。

〔5〕 社会権

日本国憲法は、社会権として、生存権(第25条)、教育を受ける権利(第26条)、勤労の権利(第27条)および労働基本権(第28条)を保障している。

社会権は、資本主義の高度化にともなって生じた失業、貧困、労働条件の悪化などの弊害から、社会的・経済的弱者を救済するために保障されるに至った20世紀的な権利である。すなわち、社会的・経済的弱者が「人間に値する生活」を営むことができるように、国に対して一定の行為(国の積極的な施策)を請求することができる権利である。この点、国家権力(公権力)からの自由を守るため、国の介入を排除することを要求する自由権とはその性格を異にする。もっとも、社会権のうち、教育を受ける権利に属する教師の教育の自由や労働基本権などは、公権力によって不当に制限されてはならないという自由権的な側面をもっている。

1 生存権

1 生存権の意義

憲法第25条第1項は、「すべて国民は、健康で文化的な最低限度の生活を営む権利を有する。」と規定する。ここで、「健康で文化的な最低限度の生活」とは、人間に値する生活(人間らしい生活)、すなわち人間の尊厳を確保することができる生活を意味し、このような生活を送ることができるよう国に対して一定の行為(国の積極的な施策)を請求することができる権利を生存権という。このような生存権は、人間が生まれながらにして当然にもっている権利とされている。

憲法第25条第2項は、第1項の趣旨を実現するため、「国は、すべての生活部面について、社会福祉、社会保障及び公衆衛生の向上及び増進に努めなければならない。」と定め、国に対し生存権の具体化について努力すべき義

務を課している。ここで「社会福祉」とは、国民の生活をできるだけ豊かにすることをいい、「社会保障」とは、国民の生存を公共扶助または社会保険により確保することをいう。また、「公衆衛生」とは、国民の健康を保全し、増進することをいう。これを受けて、生活保護法、児童福祉法、老人福祉法、身体障害者福祉法などの各種の社会福祉立法や国民健康保険法、国民年金法、雇用保険法などの社会保険立法等の社会保障制度が設けられ、また、保健所法、食品衛生法、環境基本法など公衆衛生のための制度が整備されている。

2 生存権の法的性格

　生存権の法的性格については、学説上争いがあり、「プログラム規定説」、「抽象的権利説」および「具体的権利説」に分けられる。「プログラム規定説」は、憲法第25条の規定は、国（行政府・立法府）に対し国民の生存を保障するための政治的（政策的）、道義的義務を課したものにすぎず、個々の国民に対し社会福祉等に関する具体的な請求権を保障したものではないとする考え方である。この説によれば、国が「健康で文化的な最低限度の生活」の保障を怠ったとしても、違法・違憲であるとはいえず、単に不当とされるにすぎない。また、個々の国民は、憲法第25条を直接の根拠として、国に対し生活扶助を請求することもできないことになる。「抽象的権利説」は、憲法第25条の規定は、国民が国に対し生存権に必要な立法を要求できる権利と国が立法によって生存権を実現すべき法的義務があることを保障しており、生存権を具体化する法律によってはじめて具体的な権利となり得るという考え方である。また、「具体的権利説」は、憲法第25条の規定は、生存権の権利の主体および権利の内容等について明確に示していることから、国民は、国に対してその権利の内容にふさわしい立法を行うことを要求する具体的な権利を有し、国がこれを怠った場合には、その不作為が違憲であることの確認を裁判所に求めることができるという考え方である。このうち、「プログラム規定説」が通説で、「抽象的権利説」が近時有力説となっている。

　生存権に関する最高裁判例は、生活保護法に基づく厚生大臣が定める保護

基準が、憲法第25条の趣旨に反するとして争われた、いわゆる「朝日訴訟」において、「憲法25条1項は、すべて国民が健康で文化的な最低限度の生活を営み得るように国政を運営すべきことを国の責務として宣言したにとどまり、直接個々の国民に具体的な権利を賦与したものではない。具体的な権利としては、憲法の規定の趣旨を実現するために制定された生活保護法によってはじめて与えられているというべきである。何が健康で文化的な最低限度の生活であるかの認定判断は、いちおう厚生大臣の合目的的な裁量に委ねられており、その判断は当不当の問題として政府の政治責任が問われることはあっても、ただちに違法の問題を生ずることはない。ただ、現実の生活条件を無視して著しく低い基準を設定する等、憲法および生活保護法の趣旨・目的に反し、法律によって与えられた裁量権の限界を超えた場合、または裁量権を濫用した場合には、違法な行為として司法審査の対象となることを免れない。」として「プログラム規定説」（通説）の立場をとっている（最判昭和42年5月24日民集21巻5号1043頁）。

※　**環境権**

　近時、大気汚染、水質汚濁、騒音などの公害問題が続発し、その被害が拡大するにつれて、公害から国民の健康を守るための新しい権利として、「環境権」が提唱されるにいたった。

　環境権とは、一般に、健康で快適な生活を維持する条件としての良好な自然環境を享受するため、公害による環境破壊を予防し、排除する権利とされている。このように、環境権は、公害による環境破壊を予防し、排除するための権利であり、良好な環境の享受を妨げられないという点において自由権の性格を有し、憲法第13条の幸福追求権に属する。一方、このような環境権を具体化し、実現させるためには、公権力による積極的な環境保全あるいは環境改善のための施策が必要であるから、この点において憲法第25条の生存権の性格を有する。

　したがって、環境権は、憲法第13条および第25条に基づく権利とされてい

る（有力説）。

しかし、環境権という権利を正面から認めた最高裁の判例はなく、平成5年に制定された環境基本法においても環境権は明記されていない。

2 教育を受ける権利

1 教育を受ける権利の内容

憲法第26条第1項は、「すべて国民は、法律の定めるところにより、その能力に応じて、ひとしく教育を受ける権利を有する。」と規定し、教育を受ける権利を保障している。

教育を受ける権利は、国民各自が、個人として成長・発達し、自己の人格を完成・実現していくために不可欠のものであるが、この権利により、国は法律の定めるところにより、教育施設を設け、これを国民に利用させる法的義務を負うことになる。その法律としては、教育基本法、学校教育法、社会教育法、私立学校法などがある。

「その能力に応じて」とは、教育を受けることによって能力を向上する資質がありながら、特に経済的地位等によりそれが妨げられることがあってはならないことをいい、「ひとしく」とは、人種、信条、性別、社会的身分、経済的地位または門地によって差別されることなく（教育基本法第3条第1項）、もっぱらその能力に応じて教育を受ける機会が与えられなければならないことを意味する。

教育を受ける権利は、義務教育を受ける権利に限定されず、高等教育、社会教育および生涯教育についても適用される。

なお、明治憲法には、教育を受ける権利が保障されていなかった。

2 教育を受ける権利の法的性格

教育を受ける権利は、国が国民に教育施設を提供し、教育の機会均等を実現する法的義務を負っているという点において社会権としての性格を有し、

個々の国民が、憲法第26条を根拠として直接に国に対し、教育を受ける施設の設置や費用を請求し得る具体的な権利をもっているわけではない。一方、教育を受ける権利は、高等教育以下の教育の場合を除き、国民が教育の内容に対し国の不当な介入や統制を加えられることなく、自由に教育を受けることができるという自由権的基本権としての側面をもっている。

3　教育権の所在

　教育権とは、「教育を受ける権利」と対比されるもので、教育を行う権限をいう。この権限は誰がもっているかについては、「国家教育説」と「国民教育説」がある。前説は、国が教育内容および教育方針に関与する権限を有するとし、後説は、親および教師を中心とする国民全体が教育権を有し、国は教育目的を実現するために必要な外的条件（教育施設等）を整備する義務を負うにとどまり、教育内容や教育方針に介入、統制することはできないとする。この点に関し最高裁は、両説とも「極端、かつ、一方的」であるとしてこれを否定した後、憲法第23条により、「普通教育の場においても、例えば、教師が公権力によって特定の意見のみを教授することを強要されないという意味において、一定の範囲における教授の自由が保障されるべきことを肯定できないではない」。しかし、児童・生徒には教育内容を批判する能力がなく、教師に強い影響力があること、子供側に学校・教師を選択する余地が乏しいこと、全国的に一定の水準を確保する要請が強いことなどから、「普通教育における教師に完全な自由を認めることは、とうてい許されないところといわなければならない」。国は、「子供自身の利益の擁護のため、あるいは子供の成長に対する社会公共の利益と関心にこたえるため、必要、かつ、相当と認められる範囲において、教育内容についてもこれを決定する権能を有する。」として、広汎な国の介入統制権を肯定している（最判昭和51年5月21日刑集30巻5号615頁）。

4　教育を受けさせる義務と義務教育の無償

　憲法第26条第2項は、「すべて国民は、法律の定めるところにより、その

保護する子女に普通教育を受けさせる義務を負う。義務教育は、これを無償とする。」と規定する。この規定により親（親がいないときは、その後見人）が子供に普通教育を受けさせる義務を負い、親がこの義務に違反するときは罰則の対象となる（学校教育法第22条第1項、第39条第1項、第91条）。

「普通教育」とは、小学校、中学校の義務教育とされている（教育基本法第4条第1項）。「義務教育の無償」とは、通説・判例は授業料の不徴収（無償）と解し、授業料のほか、教科書、学用品その他教育に必要な一切の費用までも無償であることを意味しないと解されている（最判昭和39年2月26日民集18巻2号343頁）。

なお、昭和38年以降義務教育用の教科書については無償で配布されているが、これは憲法第26条第2項後段の規定を根拠として行われているものではなく、法律で定められた権利にすぎない（義務教育諸学校の教科用図書の無償措置に関する法律第3条）。

3 勤労の権利

1 勤労の権利の内容

憲法第27条第1項は、「すべて国民は、勤労の権利を有し、義務を負う。」と規定する。「勤労の権利」とは、労働の意思と能力を有する者が、国に対し労働の機会を提供することを求め、労働の機会が得られない場合、それに代わる相当の保障を要求できる権利をいう。この規定により、国は、国民に対し、労働の機会を提供するための立法、それが得られない場合の保障のための立法措置その他の施策を講ずることが要請され、これを受けて職業安定法、失業保険法、雇用保険法などが制定されている。

「勤労の義務」とは、労働能力のある者は、自らの労働によってその生活を維持すべきであるという建前をうたったもので宣言規定であるとされている。したがって、この規定を根拠として就労を強いることはできない。

2　勤労の権利の法的性格

　勤労の権利は、国に対し労働の機会の提供等という一定の施策等を要求することを内容とする積極的な権利であるから、生存権的基本権に属するが、個々の国民に対する具体的な権利ではない。したがって、個々の国民は、憲法第27条第1項を直接の根拠として、国に対し労働の機会や労働の機会が得られない場合の保障（生活費）を要求することはできない。勤労の権利は、これを具体化した職業安定法や失業保険法などの法律と一体となって、はじめて具体的な権利となる。

3　勤労条件の法定

　憲法第27条第2項は、「賃金、就業時間、休憩その他の勤労条件に関する基準は、法律でこれを定める。」と規定する。この規定は、勤労条件をすべて私人の自由契約に委ねた場合には、経済的強者である使用者が自己に都合のよい勤労条件を経済的弱者である勤労者に対し強制するおそれがあるため、国は立法により、積極的に勤労条件に関与し、勤労者の人間に値する生存権を保障しようとするものである。この規定を受けて、一般法としての労働基準法のほか、最低賃金法、労働安全衛生法などが制定されている。

4　児童酷使の禁止

　憲法第27条第3項は、「児童は、これを酷使してはならない。」と規定する。この規定は、児童の勤労条件に関するものである。これを受けて児童福祉法が制定されているが、同法は、児童の勤労条件以外の事項についても規定し、児童の保護・育成を図っている。

4　労働基本権

1　労働基本権の内容

　憲法第28条は、「勤労者の団結する権利及び団体交渉その他の団体行動をする権利は、これを保障する。」と規定する。この規定は、勤労者の労働基

本権を保障したもので、使用者に対し不利な立場に立っている労働者を使用者と対等の地位に立たせることを目的としている。ここで、「勤労者」とは、使用者に雇われ、労働の対価として賃金、給料などの収入を得て生活する者で、労働組合法第3条にいう「労働者」と同じ意味である。したがって、私企業労働者、公務員は勿論、パートタイマーとして雇用されている者は勤労者に該当するが、農民、漁民、商工業者は、働く者ではあっても憲法第28条にいう勤労者ではない。

労働基本権は、団結権、団体交渉権および団体行動権（争議権）からなり立っており、これを「労働三権」という。

自由主義経済体制のもとでは、契約は自由であり、労使間の契約は私人相互間の関係にすぎないから、本来、国はこれに干渉すべきものではない。しかし、この自由放任主義を貫けば、労使間の経済的な力の差により、労働条件の悪化は避けられない。このため、経済的弱者である労働者を使用者と実質上対等の立場に立たせることができる手段として労働三権が保障されている。

「団結権」とは、勤労者が使用者と対等の立場において、労働条件を維持・改善するために使用者と団体交渉を行うことを目的として勤労者の団体（労働組合）を組織する権利（労働組合結成権）をいい、「団体交渉権」とは、勤労者の団体が使用者と労働条件について交渉し、労働協約（労働組合法第14条）を締結する権利をいう。使用者は勤労者から団体交渉を求められた場合、これに応ずる義務があり、正当な理由なしにこれを拒むことは、不当労働行為として許されない。団体交渉の結果、労使間に結ばれる労働協約は、法的効力を有する。「団体行動権」とは、勤労者の団体が労働条件の実現を図るために使用者に対し同盟罷業（ストライキ）、怠業（サボタージュ）等の争議行為を行う権利をいい、一般に争議権と呼ばれている（労働関係調整法第7条）。

2　労働基本権の法的性格

労働基本権の法的性格については、①国に対して勤労者の労働基本権を保障する立法その他の措置を要求し、一方、国はそのための施策を実施すべき義務を負うという点において社会権的（生存権的）基本権の性質を有し、②労働基本権を制限するような立法その他の国家行為は禁止され、正当な争議行為は刑事責任が免がれる（刑事免責、労働組合法第1条第1項）点において自由権的な側面をもっている。また、③労働基本権は、使用者と勤労者との関係において、勤労者の権利を保護することを目的としていることから、その性質上、使用者は勤労者の労働基本権の行使を尊重すべき義務を負っている。すなわち、労働基本法の保障は、使用者対勤労者という私人間の関係にも直接適用される。したがって、労働基本権の行使によって（争議行為によって）使用者に損害を加えることがあっても民事責任（民事上の損害賠償責任）を負うことはない（民事免責、労働組合法第8条）。

3　労働基本権の制限

　労働基本権といえども無制限のものではなく、一定の制限がある。その制限については、私企業労働者の場合と公務員の場合とでその程度（範囲）を異にする。

(1)　**私企業労働者の労働基本権**

ア　一般企業の場合

　私企業労働者は、労働三権のすべてについて保障されているが、特に争議権については、他の法益を侵害することが少なくないので、その正当性の限界が問題点となる。

（ア）暴力を伴う団体交渉と争議行為

　団体交渉や争議行為において、使用者や他の勤労者の生命、身体に危険を及ぼすような暴力が行われた場合、正当な行為とは認められず（刑法第35条、労働組合法第1条第2項・第8条、労働関係調整法第36条）、刑事上および民事上の免責を受けることができない（最判昭和24年5月18日刑集3巻6号772頁等）。

(イ) いわゆる政治スト

　労働三権は、経済的弱者である勤労者を使用者と実質上対等な地位に立たせるための手段として認められた権利であるから、使用者において処理することの可能な事項についてのみ要求することができる。したがって、使用者において処理できない政治上の要求を内容とする団体交渉や争議行為は許されないことになる。いわゆる政治ストや同情ストが違法とされるのは、このような理由に基づく。

(ウ) 生産管理による争議行為

　生産管理が正当な争議行為であるか否かについて争われた「山田鋼業所事件」において最高裁は、生産管理は、「使用者側の自由意思を抑圧し、財産に対する支配を阻止するもので、法が求めている調和を破るものである」として、違法な争議行為であると判示している（最判昭和25年11月15日刑集4巻11号2257頁）。

イ　特定の公益性の高い私企業の場合

(ア) 電気事業および石炭鉱業における争議行為

　これらの事業における争議行為として、電気の正常な供給を停止する行為や鉱山保安法に規定する保安業務の正常な運営を停廃する行為などは、公益上の見地から禁止されている（電気事業及び石炭鉱業における争議行為の方法の規制に関する法律（いわゆるスト規制法第2条・第3条））。

(イ) 運輸、水道、ガス供給、医療などの事業および内閣総理大臣の措定した事業における争議行為

　これらの事業においては、争議行為を行うことについて予告義務が課せられているほか、緊急調整中は、公表の日から50日間争議行為が禁止され、これらの違反に対しては、罰則が科せられることになっている（労働関係調整法第8条第1項・第2項・第37条ないし第40条）。

4　公務員の労働基本権

(1) 公務員の労働基本権に対する制限

公務員も、労働力を提供し、その対価として給料などを得て生活している以上、憲法第28条にいう「勤労者」であるが、私企業労働者の場合と異なり、公務員の種別により労働三権に次のような制限が加えられている。

ア　消防職員、警察職員、自衛隊員、海上保安庁の職員、刑務所・刑事施設の職員

　これらの職員には、団結権、団体交渉権および団体行動権（争議権）のすべてが否定されている。

イ　非現業の国家公務員および地方公務員

　これらの職員には、団結権のみが認められ、団体交渉権および団体行動権（争議権）が否定されている。

ウ　現業の国家公務員および地方公営企業の職員

　これらの職員には、団結権および団体交渉権が認められ、団体行動権（争議権）については否定されている。

(2)　公務員の労働基本権に対する制限の根拠

　公務員の労働基本権が制限されている根拠について、判例は、かつて「公共の福祉」や「全体の奉仕者」を理由としていたが、現在における主導的な判例として「全農林警職法事件判決」（最判昭和48年4月25日刑集27巻4号547頁）がある。すなわち、同判決は、①公務員の地位の特殊性と職務の公共性にかんがみ、必要やむを得ない限度の制限を加えることは、十分合理的な理由があること、②公務員の勤務条件は、国会の制定した法律、予算によって定められている（財政民主主義）から、公務員の争議行為は、憲法の基本原則である議会制民主主義に背反し、国会の議決権を侵すおそれがあること、③公務員の争議行為の禁止に対しては、勤務条件の法定化、身分保障、人事院制度など適切な代償措置が講じられていることなどの理由をあげ、公務員の労働基本権の制限について合憲であるとし、この考え方は、その後の最高裁判決によって踏襲され、判例理論として確立している。

【模擬問題㊽】

生存権に関する次の記述のうち、誤っているものはどれか。
(1) 憲法第25条第1項の生存権は、個々の国民が国に対し生活上の保障を求める具体的な権利を付与したものではない。
(2) 憲法第25条第1項の規定は、国民が健康で文化的な最低限度の生活を営み得るよう国政を運営すべきことを国の責務として宣言したものである。
(3) 憲法第25条第1項の規定は、国民が健康で文化的な最低限度の生活を営むため、国に対し一定の保障を求め得ることを定めたものである。
(4) 生活保護法や国民健康保険法などの制定は、国民の生存権を保障するための立法である。
(5) 憲法第25条第1項の生存権は社会権の一種で、その中心をなすものである。

【模擬問題㊾】

生存権に関する次の記述のうち、誤っているものはどれか。
(1) 生存権は人間が生まれながらにしてもっている当然の権利とされている。
(2) 生存権とは、憲法第25条第1項に定める健康で文化的な最低限度の生活を営む権利をいい、国に対する具体的な権利である。
(3) 憲法第25条第1項にいう「健康で文化的な最低限度の生活とは、人間に値する生活、すなわち人間にふさわしい生活を意味する。
(4) 憲法第25条第1項の規定は、いわゆるプログラム規定であって、国に対し、国民の生存を保障するための政治的（政策的）、道義的義務を課したものにすぎない。

(5) 何が健康で文化的な最低限度の生活であるかの認定判断は、厚生労働大臣の裁量であるから、その判断は、不当となる場合があっても違法の問題を生ずることはない。

【模擬問題㊿】

日本国憲法第25条第1項は、「すべて国民は、（A）で文化的な（B）の生活を営む権利を有する。」と定めているが、これは、（C）の理念に基づいて国民の生活面に対し、（D）という権利を国民に保障したものである。

上記文章の空欄AないしDにあてはまる語句の組合わせとして妥当なものは、次のどれか。

(1) 健康　　幸福追求　　社会権　　受益権
(2) 健康　　最低限度　　社会権　　生存権
(3) 健康　　最低限度　　平等権　　受益権
(4) 快適　　幸福追求　　平等権　　生存権
(5) 快適　　最低限度　　平等権　　生存権

【模擬問題㊿】

次に掲げるものは、生存権の法的性格について判示した昭和32年の朝日訴訟における最高裁判決の要約である。文中の◻︎に入る適切な語は、(1)ないし(5)のうちどれか。

憲法第25条第1項は、すべての国民が健康で文化的な最低限度の生活を営み得るように国政を運営すべきことを国の責務として宣言したにとどまり、直接個々の国民に対し◻︎を与えたものではない。◻︎としては、憲法の規定の趣旨を実現するために制定された生活保護法によ

って、はじめて与えられているというべきである。何が健康で文化的な最低限度の生活であるかの認定判断は、一応、厚生大臣（当時）の合目的的な裁量に委ねられており、その判断は、当不当の問題として政府の政治責任が問われることはあっても、直ちに違法の問題を生ずることはない。

(1) 権利
(2) 法律の制定を要求する権利
(3) 裁判所に訴える権利
(4) 具体的な権利
(5) 抽象的権利

【模擬問題㊾】
次は環境権に関する記述である。誤っているものはどれか。
(1) 環境権は、学説上の権利である。
(2) 最高裁判例は、環境権という人権を認めていない。
(3) 環境権は生存権と無関係の権利である。
(4) 環境権の法的根拠は、憲法第13条および第25条である。
(5) 環境権は、法律上認められた権利ではない。

【模擬問題㊿】
憲法第26条の教育を受ける権利に関する次の記述のうち、誤っているものはどれか。
(1) 教育を受ける権利は、社会権の性格をもっているほか、自由権的基本権の側面をもっている。
(2) 教育を受ける権利については、明治憲法上保障されていなかった。

(3) 義務教育用の教科書の無償配布は、憲法上の権利として保障されているものではない。
(4) 教育を受ける権利は、あくまでも義務教育に限定され、高等教育等には適用されない。
(5) 親が子供に普通教育を受けさせる義務を怠った場合、罰則の適用がある。

【模擬問題㊴】
次は教育を受ける権利に関する記述である。誤っているものはどれか。
(1) 義務教育用の教科書の無償配布は、「義務教育は、これを無償とする。」と定めた憲法第26条第2項後段の規定を根拠としている。
(2) 憲法第26条第1項の教育を受ける権利により、国は教育施設を設け、これを国民に利用させる法的義務を負っている。
(3) 憲法第26条第1項の教育を受ける権利により、個々の国民は、これを根拠として直接国に対し、教育を受ける施設等の設置や費用を請求することはできない。
(4) 教育権とは、教育を行う権限のことであるが、国は、必要、かつ、相当と認められる範囲において、教育内容について決定する権能をもっている。
(5) 教育を受ける権利は、国民各自が個人として成長・発達し、自己の人格を完成・実現するために不可欠のものである。

【模擬問題㊶】
憲法第27条の勤労の権利に関する次の記述のうち、正しいものはどれか。

(1) 勤労の義務は、明治憲法にも規定されていた。
(2) 勤労の義務は、労働能力のある者は、自らの労働によってその生活を維持すべきであるという建前をうたったものであり、国民に法的な義務を課したものではない。
(3) 個々の国民は、勤労の権利を定めた憲法第27条第1項を直接の根拠として、国に対し、勤労の機会の提供等を要求することができる。
(4) 児童酷使の禁止を定めた憲法第27条第3項の規定を受けて制定された児童福祉法は、児童の勤労条件についてのみ規定したものである。
(5) 勤労の権利は、社会権的基本権に属する具体的な権利である。

【模擬問題㊶】

労働基本権に関する次の記述のうち、誤っているものはどれか。
(1) 労働三権とは、団結権、団体交渉権および団体行動権（争議権）をいう。
(2) いわゆる政治ストは正当な争議行為とはみなされない。
(3) 正当な団体行動権（争議権）については、刑事責任および民事責任が問われない。
(4) 主として家事に従事している主婦であっても、短期間のパートタイマーに雇用されている以上、憲法第28条の勤労者に該当する。
(5) 農民や漁民であっても、労働によって収入を得ている以上、憲法第28条の勤労者に該当する。

【模擬問題㊷】

次の記述は、公務員の労働基本権に関するものである。妥当なものはどれか。

(1) 公務員は、「全体の奉仕者」であるから、憲法第28条の勤労者ではなく、したがって、労働基本権の適用はない。
(2) 消防職員および警察職員には団結権が認められているが団体交渉権および団体行動権（争議権）は認められていない。
(3) 非現業の国家公務員および地方公務員には団結権および団体交渉権が認められている。
(4) 現業の国家公務員には団体行動権（争議権）が認められている。
(5) 判例は、公務員の勤務条件が法律・予算で定められていることを労働基本権制限の合憲性の理由の一つとしている。

【模擬問題㊽】
労働基本権に関する次の記述のうち、誤っているものはどれか。
(1) 憲法第28条に定める労働基本権として、団結権、団体交渉権および団体行動権（争議権）がある。
(2) 労働基本権は、経済的に弱い立場にある勤労者に対し、実質的な自由と平等を確保するための手段として与えられたものである。
(3) 正当な団体行動（争議行為）については、刑事責任を問われない。
(4) 消防職員には、団体交渉権と団体行動権（争議権）が認められない。
(5) 公務員の労働基本権に対する制限は、全体の奉仕者としての地位および職務の公共性に基づくものである。

〔6〕 受益権

　受益権とは、国民が国家に対して国民の利益となる一定の利益を要求することができる憲法上の権利をいい、受益権に属する権利として、裁判を受ける権利（裁判請求権）、国または公共団体に対する損害賠償請求権（国家賠償請求権）、刑事補償請求権および請願権がある。

1 裁判を受ける権利（裁判請求権）

　憲法第32条は、「何人も、裁判所において裁判を受ける権利を奪われない。」と規定し、すべての者に裁判を受ける権利を保障している。したがって、外国人であってもこの権利を享有することができる。裁判を受ける権利は、すべての基本権の保障の前提をなすものである。何故なれば、この権利の保障がなければ、他の基本権は画餅に帰する（実際に役に立たない）ことになるからである。

　裁判を受ける権利の内容は、①民事事件および行政事件においては、何人も自己の権利や利益を不法に侵害された場合に、自から裁判所に訴訟を提起してその救済を権利（訴訟請求権・訴権）を有し、裁判所は、適法な訴訟の提起に対して裁判を拒絶することができないことを意味している。ただ、裁判は、権利義務に関する争訟についてその存否を確定する作用であるから、保護すべき権利や利益がない場合（例えば、製造所等の許可取消しの訴えは、製造所等の設置を阻止する点に利益（効果）を有するが、すでに完成した製造所等について許可取消しの訴えを提起したような場合など）は不適法な訴訟となる。したがって、このような場合には、訴訟を拒絶されても憲法第32条違反とはならない。②刑事事件においては、何人も裁判所の裁判によらなければ刑罰を科せられないことが保障されていることを意味する。刑事裁判については、憲法第37条第1項においても公平な裁判所の迅速な公開裁判を

受ける権利を重複的に保障しているが、前者は、請求権としての性格を有するのに対し、後者は自由権としての性格を有する点に相違がみられる。また、刑事事件においては、検察官が公訴権（起訴権）を独占しているため、犯罪による被害を受けた国民は、捜査機関に対し告訴する権利を有し、被害者以外の国民については、捜査機関に告発する権利を有することを意味しており、いずれも刑事訴訟法によって具体的に保障されている。

　憲法第32条にいう「裁判所」とは、最高裁判所および法律の定めるところにより設置される裁判所をいうが（憲法第76条第1項）、最終的に裁判所において裁判を受ける権利が保障されている限り裁判の前審として、裁判所以外の機関が審判を行うことは許される。憲法第76条第2項後段が、「行政機関は、終審として裁判を行うことができない。」と規定していることは、このことを明らかにしている。

　なお、裁判を受ける権利は、明治憲法においても保障されていたが（第24条）、民事・刑事の裁判に限定され、行政事件については、対象外とされていた。

2 損害賠償請求権

　憲法第17条は、「何人も、公務員の不法行為により、損害を受けたときは、法律の定めるところにより、国又は公共団体に、その賠償を求めることができる。」に規定し、公務員の不法行為によって損害を受けた者が、国または公共団体に対して損害賠償請求権を有することを保障している。なお、この権利は、明治憲法には保障されていなかった。損害賠償請求権の具体的な内容については、一般法である国家賠償法に定められている。

　国家賠償法第1条第1項は、「国又は公共団体の公権力の行使に当る公務員が、その職務を行うについて、故意又は過失によって違法に他人に損害を加えたときは、国又は公共団体が、これを賠償する責に任ずる。」と規定し、公務員の故意または過失による不法行為責任を国や公共団体が代わって責任

を負うといういわゆる代位責任の形をとっている。したがって、公務員個人には賠償責任がない（通説・判例）。なお、この点について、最高裁は、「国または公共団体が賠償の責任を負うのであって、公務員が行政機関としての地位において賠償の責任を負うものでなく、また、公務員が個人としてその責任を負うものではない。」（最判昭和30年4月19日民集9巻5号534頁、昭和53年10月20日民集32巻7号1367頁等）と判示し、一貫して公務員個人の賠償責任を否定している。なお、外国人の損害賠償請求権については、相互の保証があるときに限り、つまり、相手国が日本人に損害賠償請求権を認めているときに限り、この権利が認められている（国賠法第6条）。

また、国家賠償法第2条は、「道路、河川その他の公の営造物の設置又は管理に瑕疵があったために他人に損害が生じたときは、国又は公共団体は、これを賠償する責に任ずる。」と定め、国や公共団体の無過失責任を認めている。

3 刑事補償請求権

憲法第40条は、「何人も、抑留又は拘禁された後、無罪の裁判を受けたときは、法律の定めるところにより、国にその補償を求めることができる。」と規定する。この規定は、刑事手続において、抑留または拘禁により人身の自由に不当な侵害があった場合に、これを事後において経済的（金銭的）に救済するものであり、公務員の故意または過失の存在を必要としない。また、抑留または拘禁が適法であっても、結果からみれば客観的に違法なものといい得るから、国の補償責任は免がれないことになる。したがって、憲法第40条は、国に対し一種の無過失責任を負わせていることになる。なお、この規定は明治憲法上存在しなかった。

刑事補償請求権の主体は、抑留または拘禁された自然人である。法人などは抑留または拘禁されることがないから、請求権の主体となり得ない。

「抑留」とは、一時的に身体の自由を拘束することをいい、刑事訴訟法上の「留置」はこれにあたる。「拘禁」とは、継続的に身体の自由を拘束することをいい、刑事訴訟法上の「勾留」はこれにあたる。また、「無罪の裁判を受けたとき」とは、無罪の判決が確定したときであるが、身体の拘束を受けた後不起訴となった場合については、被疑者補償規程の定めるところにより処理される。

なお、抑留または拘禁が不法になされたことにより損害を受けたときは、別途、憲法第17条に基づく国家賠償法第1条第1項により損害賠償を請求することができる。

補償の方法は、金銭をもって支払われる。

4 請願権

憲法第16条は、「何人も、損害の救済、公務員の罷免、法律、命令又は規則の制定、廃止又は改正その他の事項に関し、平穏に請願する権利を有し、何人も、かかる請願をしたためにいかなる差別待遇も受けない。」と規定する。「請願」とは、国家機関（国や地方公共団体の機関等）に対し、その職務に関する事項について希望ないし意見を述べることをいう。したがって、請願は、国家機関を法的に拘束するものではない。しかし、請願は、国家機関に対しこれを受理し、誠実に処理することを義務づける権利とされ、一般に受益権の一種と解されている。

国家機関は、請願を受理して誠実に処理する義務を負うが、請願に対して回答を与えるとか、請願を実施する義務はない。請願権は、法人や外国人にも認められている。

なお、請願権は、明治憲法にも規定されていた（第30条）。

憲法第16条に基づく一般法として請願法があり、特別法として、国会の各議院に関するものとして国会法（第79条～第82条）、衆議院規則（第171条～第180条）、参議院規則（第162条～第172条）がある。また、地方議会に関す

るものとして地方自治法（第124条、第125条）がある。

【模擬問題(59)】

次のうち、受益権にあたらないものはどれか。

(1)　裁判請求権
(2)　賠償請求権
(3)　教育を受ける権利
(4)　刑事補償請求権
(5)　請願権

【模擬問題(60)】

裁判を受ける権利に関する次の記述のうち、誤っているものはどれか。

(1)　外国人であっても裁判を受ける権利を有する。
(2)　明治憲法においても民事・刑事事件について裁判を受ける権利が保障されていた。
(3)　民事・行政事件については、何人も裁判所に訴訟を提起し、救済を求めることができる。
(4)　刑事事件については、何人も裁判所の裁判によらなければ刑罰を科せられない。
(5)　民事・行政事件については、訴訟が提起された以上、裁判所はこれを拒絶することは許されない。

【模擬問題(61)】

次の記述は、裁判を受ける権利に関するものである。誤っているものはどれか。

(1) 民事・行政事件について、裁判所は不適法な訴訟の提起に対しこれを拒絶しても憲法第32条に違反しない。
(2) 裁判所でない行政機関が、裁判の前審として審判を行うことは許される。
(3) 民事・行政事件については、何人も自ら裁判所に訴訟を提起することができる。
(4) 刑事事件については、犯罪による被害を受けた者は、自ら裁判所に訴えを提起することはできない。
(5) 犯罪による被害を受けた国民が、捜査機関に告訴することができる権利は、裁判を受ける権利とはいえない。

【模擬問題㉖】

憲法第17条に定める損害賠償請求権に関する次の記述のうち、誤っているものはどれか。
(1) 損害賠償請求権は、明治憲法上保障されていなかった。
(2) 憲法第17条に定める損害賠償請求権は、外国人にも限定的に保障されている。
(3) 損害賠償責任の主体は、国または公共団体である。
(4) 憲法第17条の損害賠償請求権は、受益権に含まれる。
(5) 憲法第17条にいう公務員の不法行為による賠償責任の主体は、当該公務員である。

【模擬問題㉝】

次は刑事補償請求権に関する記述であるが、誤っているものはどれか。
(1) 刑事補償請求権は、抑留または拘禁された後無罪の裁判を受けたと

きに、国に対してその補償を求めることができる権利で、受益権に属する。
(2) 刑事補償請求権は、公務員に故意または過失があった場合に請求することができる。
(3) 「無罪の裁判を受けたとき」とは、無罪判決が確定したときである。
(4) 「抑留」とは、一時的に身体の自由を拘束することをいい、「拘禁」とは、継続的に身体の自由を拘束することをいう。
(5) 不法に抑留または拘禁されたことにより損害を受けた場合には、別途、国家賠償法第1条第1項に基づき、国に対し損害賠償を請求することができる。

【模擬問題㉔】

刑事補償請求権に関する次の記述のうち、誤っているものはどれか。
(1) 刑事補償請求権の主体は、抑留または拘禁された自然人のみである。
(2) 抑留または拘禁が適法であった場合には、刑事補償の請求をすることができない。
(3) 憲法第40条の刑事補償請求規定は、国の無過失責任を定めたものである。
(4) 刑事補償の方法は、金銭をもって支払われる。
(5) 明治憲法には、刑事補償に関する規定が存在しなかった。

【模擬問題㉕】

請願権に関する次の記述のうち、誤っているものはどれか。
(1) 請願とは、国家機関に対し、その職務に関する事項について希望ないし意見を述べることをいう。

(2) 請願は、国家機関を法的に拘束するものではない。
(3) 請願権は受益権の一種である。
(4) 国家機関は、請願を受理して誠実に処理する義務を負う。
(5) 国家機関は、請願に対してこれを実施する義務を負わないが回答する義務を負う。

【模擬問題㊻】

次は請願権に関して記述したものである。正しいものはどれか。
(1) 請願権に関する規定は明治憲法に存在せず、日本国憲法によってはじめて設けられたものである。
(2) 請願権の主体には法人は含まれない。
(3) 請願権は、国家機関に対して請願を受理し誠実に処理する義務を負わせるとともに、必要な措置をとるべき法的拘束力を有する。
(4) 請願は、憲法上平穏に行うことが要請される。
(5) 外国人には請願権が認められない。

【模擬問題㊼】

次の記述のうち、受益権に該当しないものはどれか。
(1) 裁判を受ける権利
(2) 生存権
(3) 請願権
(4) 刑事補償請求権
(5) 国や公共団体に対する損害賠償請求権

〔7〕参政権

1 参政権の意義、選挙権の性格および選挙に関する基本原則

1 参政権の意義

現代民主国家においては、国民は、直接に、または代表者を通じて間接に国政に参加する権利を有する。これを参政権という。参政権には、選挙権・被選挙権・公務員の罷免権、最高裁判所裁判官の国民審査、地方特別法の住民投票および憲法改正承認の国民投票が含まれるが、このうち、選挙権が最も一般的で重要な権利とされている。

参政権のうち、直接国政に参加する権利を直接的参政権といい、代表者を通じて間接的に国政に参加する権利を間接的参政権という。前者に属するものとして、最高裁判所裁判官の国民審査、憲法改正承認の国民投票、地方特別法の住民投票などがあり、後者に属するものとして、国会議員、地方議会の議員の選挙などがある。

2 選挙権の性格

選挙権の性格については、諸説がみられるが、国政への参加を求める権利であるとともに、選挙人として公務員の選挙に参加する公務であるとする、いわゆる二元説が通説となっている。

3 選挙に関する基本原則

選挙の基本原則については、①普通選挙、②平等選挙、③自由選挙、④秘密選挙および⑤直接選挙をあげることができるが、このうち、選挙権の要件という見地から①および②が重要な原則とされている。

(1) 普通選挙

普通選挙とは、狭い意味では、財力（財産または納税額）を選挙権の要件としない制度を指し、広い意味では、財力のほかに、教育や性別などを選挙

権の要件としない制度をいう。日本国憲法は、成年者による普通選挙を保障している（第15条第3項）。

(2) **平等選挙**

平等選挙とは、選挙権の価値は平等で、一人一票を原則とする制度をいう（公職選挙法第36条）。

(3) **自由選挙**

自由選挙とは、棄権しても、罰金、公民権停止、氏名の公表などの制裁を受けることがない制度をいう。自由投票ともいう。

(4) **秘密選挙**

秘密選挙とは、誰に投票したかを秘密にする制度をいい秘密投票ともいう。この制度は、主として社会的に弱い地位にある者の自由な投票を確保するために、広く諸外国で採用されている原則であるとされている。日本国憲法第15条第4項は、この原則を採用し、「すべて選挙における投票の秘密は、これを侵してはならない。選挙人は、その選択に関し公的にも私的にも責任を問われない。」と定めて投票の秘密を保障している。

(5) **直接選挙**

直接選挙とは、選挙人が公務員を直接に選挙する制度をいう。国会議員、都道府県知事、市町村長等の選挙は、直接選挙である。

2 参政権の内容

1　公務員の選定・罷免権等

(1) **公務員の選定・罷免権**

憲法第15条第1項は、「公務員を選定し、及びこれを罷免することは、国民固有の権利である。」と定める。ここにいう「公務員」とは、国会議員、地方公共団体の長、地方議会の議員などの特別公務員を指す。

この規定は、公務員の選定および罷免が終局的に国民全体の意思に由来す

る(根拠を有する)ことを明らかにしたものであって、国民が公務員のすべてを直接選定したり、罷免することを意味しない(最判昭和24年4月20日民集3巻5号135頁等)。例えば、内閣総理大臣は、国民の代表機関である国会によって指名されたのちに形式的に天皇によって任命され(第67条第1項・第6条第1項)、また、衆議院が内閣不信任決議案を可決した場合に、内閣が総辞職するのは(第69条)、内閣総理大臣(特別公務員)の選定・罷免が終局的に国民の意思に根拠を有することを意味している。

憲法上、国民が直接に公務員の選挙権および罷免権を行使するのは、①選定については、国会議員の選挙(第43条)、地方公共団体の長、地方議会の議員および法律の定めるその他の吏員の選挙(第93条第2項)があり、②罷免については、最高裁判所裁判官の国民審査(第79条第2項・第3項)がある。

なお、憲法第15条第1項は、国民に公務員の選挙権を保障するだけではなく、公務員の被選挙権、すなわち公務員として立候補することの自由をも保障していると解されている。このことについて、最高裁判所は、「憲法15条1項は、選挙権が基本的人権の一つであることを明らかにしている。立候補の自由は、選挙権の自由な行使と表裏の関係にあり、自由、かつ、公正な選挙を維持することで、極めて重要である。このような見地からいえば、憲法15条1項は、被選挙権者、特に立候補の自由について、直接には規定していないが、これもまた同条同項の保障する重要な基本的人権の一つと解すべきである。」と判示している(最判昭和43年12月4日刑集22巻13号1425頁)。

(2) 普通選挙および投票秘密の保障

憲法第15条第3項は、「公務員の選挙については、成年者による普通選挙を保障する。」と定め、同条第4項は、「すべて選挙における投票の秘密は、これを侵してはならない。選挙人は、その選択に関し公的にも私的にも責任を問われない。」と規定する。普通選挙とは、選挙人の資格が性別、財産、納税額などによって制限されることなく、成年者であればひとしく資格を認

められる選挙のことで、国民に与えられている選挙権が法の下に平等であることを保障している。選挙における投票の秘密を侵してはならないとされているのは、もし投票の秘密が保障されなければ、選挙人である国民は、選挙の自由が侵害され、選挙そのものの公正さが失われることになるからである。また、選挙人は、その選択について公的にも私的にも責任を問われないとされているのも、選挙の自由と公正を保障するためである。

2　選挙権および被選挙権

選挙権とは、国会議員、都道府県知事、市町村長等等の公務員を投票によって選定することができる国民の権利をいい、被選挙権とは、これらの公務員の選挙に立候補することができる国民の権利をいう。

国民は、憲法第15条第1項により、根源的に公務員の選挙権および被選挙権が保障されており、これらの権利を行使することによって、国民は国家意思の形成に参加することができる。したがって、選挙権および被選挙権は、議会制民主制度における参政権の内容として最も重要な権利であるとされている。

選挙権および被選挙権の資格要件については、国会議員の選挙の場合と地方公共団体の長等の選挙の場合に分けられる。

(1)　国会議員選挙の場合

ア　選挙人（選挙権者）の資格要件

選挙人（選挙権者）の資格要件は、日本国民で、年齢満20年以上の者である（公職選挙法第9条第1項）。ただし、成人被後見人、禁錮以上の刑に処せられその執行を終わるまでの者など一定の欠格事由に該当する者は選挙権を有しない（公職選挙法第11条第1項）。また、選挙犯罪により選挙権を一定期間停止された者も同様である（同法第252条第1項）。

イ　被選挙権者（立候補者）の資格要件

被選挙権者（立候補者）の資格要件は、日本国民のうち、衆議院議員については、年齢満25年以上の者、参議院議員については、日本国民で年齢満30

年以上の者である（公職選挙法第10条第1項第1号第2号）。被選挙権者の欠格事由については、選挙権者の場合と同様である。

(2) **地方公共団体の長、地方議会の議員選挙の場合**

ア　選挙人（選挙権者）の資格要件

　選挙人（選挙権者）の資格要件は、年齢満20年以上の日本国民で、引続き三箇月以上市町村の区域内に住所を有する者である（公職選挙法第9条第2項）。選挙人（選挙権者）の欠格事由は、国会議員の選挙権者の場合と同様である。

イ　被選挙権者（立候補者）の資格要件

　被選挙権者（立候補者）の資格要件は、日本国民のうち、都道府県知事については、年齢満30年以上の者、市町村長については、年齢満25年以上の者、都道府県議会および市町村議会の議員については、その選挙権を有する者で年齢満25年以上のものである（公職選挙法第10条第1項第3号〜第6号）。被選挙権者（立候補者）の欠格事由については、国会議員の選挙権者の場合と同様である。

3　最高裁判所裁判官の国民審査

　最高裁判所の裁判官のうち、その長である裁判官（最高裁判所長官）は、内閣の指名に基づいて天皇が任命し（第6条第2項）、それ以外の裁判官は、内閣によって任命されるが（第79条第1項）、最高裁判所裁判官の任命は、その任命後初めて行われる衆議院議員総選挙の際、国民の審査に付され、その後10年を経過した後初めて行われる衆議院議員総選挙の際更に審査に付され、その後も同様の方法で審査に付される（同条第2項）。これを最高裁判所裁判官の国民審査という。国民審査で、投票者の多数が裁判官の罷免を可とするときは、その裁判官は罷免される（同条第3項）。審査に関する事項は、法律で定めるとされ（同条第4項）、これを受けて最高裁判所裁判官国民審査法が制定されている。

　最高裁判所裁判官に対する国民審査は、最高裁判所裁判官の重要な職責に

かんがみ、直接国民の意思を問うという直接民主主義を採用したもので、いわゆるリコール（解職）制度の一種とされているが、最高裁判官の任命そのものを認めるか否かの審査ではなく、罷免を可とする場合のみの解職権（罷免権）の行使であるから、特段の意思が表明されない場合は、当然に罷免しないとの意思とみなされる（最判昭和27年2月20日民集6巻2号122頁）。

　最高裁判所裁判官に対する国民審査も、終局的には憲法第15条第1項を根拠として行われるものである。

4　地方特別法の住民投票

　憲法第95条は、「一の地方公共団体のみに適用される特別法は、法律の定めるところにより、その地方公共団体の住民の投票においてその過半数の同意を得なければ、国会は、これを制定することができない。」と規定する。

　特定の地方公共団体のみに適用される法律の制定は、地方自治法や地方財政法などのようにすべての地方公共団体に一般的に適用される法律と異なり、地方公共団体の平等性を侵すおそれがあり、また、その立法の動機において必ずしも常に当該特定の地方公共団体の住民意思を反映しているとは限らないことから、その住民に対し、国会の制定する法律の成立についての同意、不同意を投票によって決めることとしている。「国会は、これを制定することができない。」とは、住民投票による同意が、その法律を有効に成立させる要件であることを意味し、住民投票が国会の議決以前に行われることが必要であるという趣旨ではないと解されている。

5　憲法改正承認の国民投票

　憲法第96条第1項は、「この憲法の改正は、各議院の総議員の3分の2以上の賛成で、国会が、これを発議し、国民に提案してその承認を経なければならない。この承認には、特別の国民投票又は国会の定める選挙の際行われる投票において、その過半数の賛成を必要とする。」と定め、憲法の改正が成立するためには、国民の承認、すなわち、国民投票における過半数（有効投票の過半数）の賛成が必要であるとしている。

【模擬問題⑱】

参政権に関する次の記述のうち、誤っているものはどれか。
(1) 参政権とは、国民が国政に参加する権利をいう。
(2) 国会議員の選挙は、直接的参政権に属する。
(3) 最高裁判所裁判官の国民審査は、直接的参政権に属する。
(4) 地方公共団体の長の選挙は、直接的参政権に属する。
(5) 参政権のうち、最も一般的な権利は選挙権である。

【模擬問題⑲】

次は、選挙に関する基本原則について掲げたものである。誤っているものはどれか。
(1) 自由選挙
(2) 普通選挙
(3) 平等選挙
(4) 間接選挙
(5) 直接選挙

【模擬問題⑳】

選挙に関する基本原則についての次の記述のうち、誤っているものはどれか。
(1) 選挙に関する基本原則は、普通選挙、平等選挙、自由選挙、秘密選挙および直接選挙である。
(2) 選挙に関する基本原則のうち、選挙権の要件として重要な原則とされているのは、普通選挙および自由選挙である。

(3) 日本国憲法第15条第3項は、成年者による普通選挙を保障している。
(4) 日本国憲法第15条第4項は、秘密選挙の原則を採用している。
(5) 国会議員や地方公共団体の長の選挙は、直接選挙である。

【模擬問題㋑】
次のうち、国民の参政権に属しないものはどれか。
(1) 公務員の選定・罷免権
(2) 公務員の罷免の請願
(3) 最高裁判所裁判官の国民審査
(4) 地方特別法の住民投票
(5) 憲法改正の国民投票

【模擬問題㋒】
参政権に関する次の記述のうち、誤っているものはどれか。
(1) 憲法第15条第1項は、「公務員を選定し、及びこれを罷免することは、国民固有の権利である。」と定めているが、ここにいう「公務員」とは、国会議員その他の特別公務員を指す。
(2) 憲法第15条第1項は、国民に公務員の選挙権を保障するだけでなく、公務員の被選挙権（立候補権）をも保障していると解されている。
(3) 憲法第15条第4項前段が、「すべて選挙における投票の秘密は、これを侵してはならない。」と定めているのは、投票の秘密が保障されなければ、選挙の自由が侵害され、選挙そのものの公正さが失われることになるからである。
(4) 憲法第15条第1項は、公務員の被選挙権について直接規定していない。

(5) 憲法第15条第1項が、「公務員を選定し、及びこれを罷免することは、国民固有の権利である。」と定めているのは、国民が公務員のすべてを直接選定したり、罷免することができることを意味している。

【模擬問題㉗】

選挙権および被選挙権の資格要件に関する次の記述のうち、誤っているものはどれか。
(1) 国会議員の選挙人の資格要件は、原則として、日本国民で年齢満20年以上の者である。
(2) 国会議員の被選挙権者（立候補者）の資格要件は、衆議院議員については、日本国民で年齢満25歳以上の者、参議院議員については、日本国民で年齢満30歳以上の者である。
(3) 地方公共団体の長の選挙人の資格要件は、年齢満20年以上の日本国民で、引続き3箇月以上市町村の区域に住所を有する者である。
(4) 市町村長の被選挙権者（立候補者）の資格要件は、年齢満25年以上の者で、引続き3箇月以上市町村の区域に住所を有するものである。
(5) 日本国民で年齢満20年以上の者であっても、成人被後見人や禁錮以上の刑に処せられ、その執行を終わるまでの者は、選挙権を有しない。

【模擬問題㉘】

参政権に関する次の記述のうち、誤っているものはどれか。
(1) 最高裁判所裁判官の国民審査は、いわゆるリコール（解職）制度の一種とされている。
(2) (1)の国民審査は、終局的には、憲法第15条第1項を根拠として行われる。

(3) 地方特別法は、住民投票により過半数の同意が得られなければ有効に成立しない。
(4) 最高裁判所裁判官の国民審査において、特段の意思が表明されない場合は、罷免しないとの意思とみなされる。
(5) 地方特別法の住民投票は、当該特別法が国会において議決される以前に行われることが必要であると解されている。

〔8〕 国民の義務

国民は、憲法上、基本的人権が保障されるとともに、それに伴う次のような一定の義務を負っている。

1 国民の一般的・基本的義務

国民は、国家を構成する一員として、国家の統治権に服し、憲法および各般の法令を尊重遵守すべき一般的義務を負っている。憲法は、「天皇又は摂政及び国務大臣、国会議員、裁判官その他の公務員は、この憲法を尊重し、擁護する義務を負う。」（第99条）と定め、国家機関に対して憲法を尊重・擁護する義務を課しているが、このことは、国民各人についても当然に認められるべきものである。

また、憲法第12条は、「この憲法が国民に保障する自由及び権利は、国民の不断の努力によって、これを保持しなければならない。又、国民は、これを濫用してはならないのであって、常に公共の福祉のためにこれを利用する責任を負う。」と定め、国民に対し、自由・権利の保持義務、権利を濫用しない義務および権利を公共の福祉のために利用する義務を課している。これらの義務を憲法上国民に課せられた一般的・基本的義務という。

2 国民の個別的義務

明治憲法の下においては、兵役の義務と納税の義務が国民の二大義務とされていた。およそ、国民が国家という統一的な団体を構成して社会生活を営む以上、外部に対して国家を護る力を提供し、内部において国家の活動を支える費用を分担することは当然のことであるから、一般に、兵役と納税の義務は、国民の当然の義務と考えられている。しかし、日本国憲法は、第9条

によって、戦争を放棄し、戦力を保持しないとしたことから、兵役の義務を定めていない。したがって、納税の義務（第30条）と新たに規定された子女に教育を受けさせる義務（第26条第2項）と勤労の義務（第27条第1項）の三つが憲法上国民に課さられた個別的な義務となっている。

1　子女に教育を受けさせる義務

憲法は、「国民は、法律の定めるところにより、その保護する子女に普通教育を受けさせる義務を負う。」（第26条第2項）と定め、これを受けて学校教育法第22条第1項は、保護者（親権者または後見人）に対し、子女を就学させる義務を課している。「普通教育」とは、国民が人間として、社会人として生活するうえで最低限度必要な教育のことで、小学校、中学校の9年間の教育をいう。普通教育は、保護者に対し義務として受けさせなければならない教育であることから、義務教育と呼ばれている。

2　勤労の義務

憲法は、「すべて国民は、勤労の権利を有し、義務を負う。」（第27条第1項）と定めるが、この規定は、国民に対し具体的な勤労（労働）の義務を課したものではない。憲法が、自由主義経済体制と私有財産制（第29条第1項）を前提として職業選択の自由（第22条）を認めている以上、社会主義国家のような勤労（労働）の義務を法律上の義務とし、国民に勤労を強制することはできないからである。

したがって、憲法第27条第1項が、国民の勤労の義務を定めているのは、国民に対し、自分の勤労によって生計を維持すべきであるという倫理的（道徳的）義務を自覚させるほか、労働の能力がありながら、その意欲のない者に対しては、労働の機会の保障や生活保護の保障を与える必要がないことを示す趣旨であると解されている（生活保護法第4条第1項）。

3　納税の義務

憲法は、「国民は、法律の定めるところにより、納税の義務を負う。」（第30条）と定めるが、国民が国家の構成員である以上、国家の存立のためにその能力

に応じて国家の財政経費を負担するのは当然のことである。したがって、この規定は、このような国民の納税義務を確認的に定めたものであるとともに、国民の納税義務の具体的な内容、つまり国民に対する具体的な課税は法律に基づいて行われなければならないという租税法律主義の原則を定めたものとされている。ちなみに、国民の納税義務に関する判例も、「憲法30条の規定は、国民の納税義務の内容は法律で定めるという主義を宣明したものであって、この規定によって初めて国民に納税義務を負担させたものではない。」(東京高裁昭和28年1月26日判決)としている。

【模擬問題㊄】

憲法上の国民の義務に関する次の記述のうち、誤っているものはどれか。

(1) 国民は、国家を構成する一員として、国家の統治権に服し、憲法および各般の法令を尊重遵守すべき一般的義務を負っている。
(2) 国民の納税義務は、憲法第30条によって負わされるものである。
(3) 憲法上の勤労の義務は、国民は、自分の勤労によって生計を維持すべきであるという倫理的(道徳的)な義務を定めたものである。
(4) すべて国民は、法律の定めるところにより、その保護する子女に普通教育を受けさせる義務を負っているが、ここにいう「法律」とは、学校教育法、教育基本法などである。
(5) 国民の納税義務は、国の存立のために、国民がその能力に応じて国の財政を支えていくために課される当然の義務である。

第 5 部

国　会

消防官のための
憲法入門
【消防昇任試験対策　模擬問題150問付】

〔1〕 国会の地位

　憲法第41条は、「国会は、国権の最高機関であって、国の唯一の立法機関である。」とし、さらに憲法第43条第1項は、「両議院は、全国民を代表する選挙された議員でこれを構成する。」と定める。

　したがって、国会は、①国権の最高機関としての地位、②唯一の立法機関としての地位、③国民の代表機関としての地位という三つの地位を有することになる。

1 国権の最高機関としての地位

　ここにいう「国権の最高機関」とは、法的な意味で、国会が行政権を担当する内閣や司法権を担当する裁判所などの国家機関に対して上下の関係において優越的な地位を占めていることを意味しない。もし、国会が法的な意味において国権の最高機関であるとするならば、国会が内閣や裁判所の上位に立ち、これらの機関から何らの法的な制約も受けないはずである。しかし、憲法は、立法、行政および司法の三権分立主義を採用し、それぞれ国会、内閣および裁判所に分属させて三権相互間の抑制、均衡を図っている。すなわち、国会と内閣との関係においては、国会は、国会議員のなかから内閣総理大臣を指名し（第67条）、国務大臣の過半数は国会議員でなければならない（第68条第1項）。また、国会は、法律によって内閣の構成（第66条第1項）や行政各部の設置と組織を定め、衆議院は、内閣に対する不信任決議権をもっている（第69条）。したがって、内閣は、行政権の行使について、国会に対し連帯責任を負っている（第66条第3項）。これに対し内閣は、天皇に対する助言によって国会を召集し（第7条第2号）、また、衆議院を解散する実質的権限をもっている（第7条第3号）。国会と裁判所との関係においては、裁判所は、国会の制定した法律の違憲審査権を有し（第81条）、これに対し

国会は、裁判所の設置を法律で定める（第76条）ほか、裁判官の罷免の裁判を行う弾劾裁判所を設置する権限をもっている（第64条）。なお、内閣と裁判所との関係については、裁判所は、内閣その他の行政機関の命令、規則、処分等の違憲審査権を有し（第81条）、これに対して内閣は、最高裁判所長官以外の裁判官の任命権をもっている（第79条第1項、第80条第1項前段）。

　このように、国会、内閣および裁判所は、相互に抑制、均衡の関係にあり、憲法は、これらの三権のうち、いずれかが法的に最高の地位に立つことを認めていない。

　したがって、憲法第41条が、国会は国権の最高機関であるとしているのは、①国会が主権者である国民から直接選ばれた代表者（国会議員）によって構成されていること（この点が主な理由）、②内閣は、国会特に衆議院の信任の上に成り立っていること（議院内閣制）、③行政も司法も、国会によって制定された法律に従って運営され、法律による行政、法律による司法が原則となっていることから、国会は、国政の中心的な地位にある重要な機関であることを政治的に強調したものとされている。

2 国の唯一の立法機関としての地位

　ここにいう「立法」とは、形式的意味の法律（国会の議決によって成立する法律）だけでなく、ひろく実質的意味の法律（直接に国民の権利や義務を定めたり、あるいは国家と国民との間の関係を規律する成文の法規範）の制定を意味する。「唯一の立法機関」というのは、実質的意味の法律の制定権は、原則として、国会が独占し、また、立法手続（法律の制定手続）は、原則として、国会の議決のみによって成立し、他の機関の関与を必要としないことを意味している。

　国会が立法権を独占することの例外としては、内閣が行う法律を執行するための政令（執行命令）の制定（第73条第6号）、法律の委任による政令（委

任命令）の制定、最高裁判所が行う規則の制定（第77条第1項）、地方公共団体が行う条例の制定（第94条）などがあり、また、立法手続（法律の制定手続）が国会の議決のみによって成立することの例外としては、法律案の提出権が内閣にも認められていること（第72条）、憲法改正には国民投票を必要とすること（第96条）、地方特別法の制定には住民投票を必要とすること（第95条）などがある。

ところで、これらの例外は、憲法自らが定めたものであるから、「国会が唯一の立法機関である」ということは、憲法自らが定めた例外を除いては唯一の立法機関であることを意味している。

3 国民の代表機関としての地位

憲法上、国会が国民の代表機関であると定めた直接的な規定はない。しかし、憲法前文には、「日本国民は、正当に選挙された国会における代表者を通じて行動し」とあり、また、憲法第43条第1項が、「両議院は、全国民を代表する選挙された議員でこれを組織する。」と規定していることは、国会が国民を代表する機関であることを示している。そして、国会が国民の代表機関であるということは、国会が全国民を代表する選挙された議員によって構成されていることから、国会は、国民の総意を反映すべき使命をもった機関であることを意味している。

【模擬問題⑯】
　国会の地位に関する次の記述のうち、誤っているものはどれか。
(1) 国会は、全国民を代表する国権の最高機関であって唯一の立法機関である。
(2) 国会が国権の最高機関であるということは、国会が、法的に内閣や裁判所に対し優越的な地位にあることを意味しない。

(3) 国会が唯一の立法機関であるということは、国会が立法権を独占し、他の国家機関には立法権がないことを意味する。

(4) 国会が国権の最高機関であるということは、国会が主権者である国民によって直接選ばれた議員によって構成されていることから、政治的に国政の中心的な地位にある重要な機関であることを意味する。

(5) 国会が唯一の立法機関であるということは、原則として、立法が国会の議決のみによって成立し、他の機関の関与を必要としないことを意味する。

【模擬問題⑦】

国会の立法権に関する次の記述のうち、誤っているものはどれか。

(1) 国会が国の唯一の立法機関であるということは、文字どおり、国会のみが立法権を有するという意味である。

(2) 国会以外の国家機関でも立法が行われることがある。

(3) 立法とは、直接に国民の権利や義務を定めたり、あるいは国家と国民との間の関係を規律する法規範を定立する作用である。

(4) 国会による立法は、すべて国会の議決のみで成立するのが原則である。

(5) 内閣による立法は、執行命令（政令）と委任命令（政令）に限定される。

〔2〕 国会の構成

1 二院制

1 二院制の意義

憲法第42条は、「国会は、衆議院及び参議院の両議院でこれを構成する。」と規定し、国会の構成について二院制（両院制）を採用している。衆議院が一院で、参議院が二院である。「二院制」とは、国会が、二つの独立した合議体によって構成され、国会の意思が、原則として、両合議体の意思の合致によって成立するものをいう。国会が二院制をとっている以上、原則として両議院は同時に召集され、かつ、閉会する。ただし、衆議院解散中における参議院の緊急集会の場合は、その例外である。

2 二院制の存在理由

民主政治にとって、国民の意思を代表する議会は、一つの議院（一院）で足りるはずであるが、現実には、選挙制度の欠陥とそれに伴う種々の弊害は、必ずしも理想的で完全な国民の代表とはいい得ない面がある。また、議会制度における多数決の原理は必ずしも常に正しい議決を生むとは限らない。このようなことから、議会に民意を正しく反映させ、多数党の横暴を抑制し、議事を慎重、合理的に行うことなどのために二院の存在が必要とされている。

なお、二院は、一院が解散によりその活動が不能となった場合にこれを補完する役割をもっている。

2 衆議院と参議院との関係

憲法は、二院制の特色（存在理由）を考慮して、衆議院議員と参議院議員との間に次のような相違を設け、参議院に継続性と安定性を与えている。

1 任期

衆議院議員の任期は4年である。ただし、衆議院が解散されたときは、任期が満了となる（第45条）。参議院議員の任期は6年であるが3年ごとに議員の半数が改選される（第46条）。参議院には解散がない。

2　被選挙権

衆議院議員については、25歳以上の者、参議院議員の場合、30歳以上の者である（公職選挙法第10条第1項第1号・第2号）。

3　選挙制度

憲法第43条第2項は、「両議院の議員の定数は、法律でこれを定める。」と規定し、これを受けて公職選挙法は、衆議院議員については、その定数を480人と定め、このうち、小選挙区選出議員300人、比例代表選出議員180人となっている（同法第4条第1項）。参議院議員の場合、その定数は242人で、このうち、選挙区選出議員146人、比例代表選出議員96人となっている（同法第4条第2項）。

3 衆議院の優越性

衆議院議員の任期が比較的短かく、そのうえ解散制度が存在するということは、国民の意思がより正確に衆議院において反映されるということを意味している。このため、衆議院には、次のような優越性が認められている。

1　権能の範囲

衆議院および参議院の権能の範囲については、原則として、対等であるが、その例外として、衆議院のみに認められている権能として、内閣不信任決議案の可決権と信任決議案の否決権（第69条）のほか、衆議院の予算先議権（第60条第1項）がある。なお、参議院のみに認められている権能として、緊急集会権（第54条第2項）がある。

2　議決の効力

国会の議決の効力については、国会の意思決定を容易にする必要などから、

憲法改正の発議の場合を除き、衆議院に次のような優越性が認められている。

(1) **法律案の議決**

　法律案は、両議院で可決したときに法律となるのが原則であるが（第59条第1項）、衆議院で可決し、参議院でこれと異なった議決をした法律案は、衆議院で出席議員の3分の2以上の多数で再び可決したときは法律となる（同条第2項）。なお、参議院が、衆議院の可決した法律案を受けとった後、国会休会中の期間を除いて60日以内に議決しないときは、衆議院は、参議院がその法律案を否決したものとみなすことができる（同条第4項）。

(2) **予算の議決**

　予算について、参議院で衆議院と異なった議決をした場合に、両議院の協議会を開いても意見が一致しないとき、または参議院が、衆議院の可決した予算を受けとった後、国会休会中の期間を除いて30日以内に議決しないときは、衆議院の議決が国会の議決となる（第60条第2項）。

(3) **条約の承認**

　条約の締結に必要な国会の承認については、予算の議決に関する憲法第60条第2項の規定が準用される（第61条）。

(4) **内閣総理大臣の指名**

　衆議院と参議院とが内閣総理大臣の指名について異なった議決をした場合に、両議院の協議会を開いても意見が一致しないとき、または衆議院が指名の議決をした後、国会休会中の期間を除いて10日以内に参議院が指名の議決をしないときは、衆議院の議決が国会の議決となる（第67条第2項）。

　なお、衆議院の優越性については、法律によっても拡大され、臨時会・特別会の会期の決定、国会の会期の延長（国会法第13条）、会計検査院の検査官の任命に対する同意（会計検査院法第4条）についても衆議院の優越性が認められている。

【模擬問題㊆】

衆議院と参議院の関係に関する次の記述のうち、正しいものはどれか。
(1) 衆議院と参議院は、常に同時に召集され、閉会するもので、例外は認められない。
(2) 衆議院は、予算のほか条約の承認についても先議権をもっている。
(3) 予算について、衆議院と参議院の意見が異なっている場合は、必ず両院協議会を開かなければならない。
(4) 衆議院と参議院は、原則として対等であり、衆議院の優越性は憲法で定められた場合に限定される。
(5) 参議院が衆議院の可決した法律案を受けとった後、国会休会中の期間を除いて60日以内に議決しないときは、衆議院の議決が国会の議決となる。

【模擬問題㊈】

次に掲げる事項のうち、衆議院の優越性が認められていないものはどれか。
(1) 国会の会期の延長
(2) 内閣総理大臣の指名
(3) 会計検査院の検査官の任命
(4) 法律案の議決
(5) 条約の先議

【模擬問題㊇】

衆議院の優越に関する次の記述のうち、誤っているものはどれか。

(1) 条約の承認
(2) 法律の議決
(3) 憲法改正の発議
(4) 国会の臨時会・特別会の会期の決定
(5) 会計検査官の任命の同意

〔3〕 国会議員の地位・権能・特権等

1 国会議員の地位

　国会議員の地位は、もっぱら、選挙に基づいて取得される（憲法第43条）。すなわち、選挙において当選したものが、その当選を承諾することにより議員の身分を取得する。

　このように、国会議員は、国民によって選ばれ、全国民を代表するものであるから、その活動にあたっては、選挙民などの特定の国民の意思に拘束されることなく、独立して全国民のために行動すべきものとされている（国会議員の地位の独立性）。しかし、現代の政党政治の下では、事実上、政党の指示に拘束されるのが原則となっている。

　国会議員は、その地位と職務の重要性にかんがみ、次の場合以外の事由によってその身分を失うことはない。

① 解散（衆議院議員の場合のみ。憲法第45条・第69条・第7条第3号）
② 任期（衆議院議員4年、参議院議員6年）の満了（同法第45条・第46条）
③ 資格争訟の裁判の結果、無資格と決定された場合（同法第55条）
④ 除名（同法第58条第2項）
⑤ 辞職（国会法第107条）
⑥ 議員が、他の議院の議員となったとき（憲法第48条、国会法第108条）
⑦ 被選挙資格の喪失（国会法第109条）
⑧ 選挙に関する争訟において、判決により選挙または当選が無効となったとき（公選法第240条）

2 国会議員の権能

　国会議員は、その属する議院の一員として活動するために、次のような権

能が認められている。

1　発議権

議員は、議案を発議し、修正の動議を行う権能を有する。ただし、単独では行うことができず、衆議院においては議員20人以上、参議院の場合は議員10人以上の賛成者が必要である（国会法第56条第1項）。また、予算の修正動議については、衆議院においては議員50人以上、参議院の場合は議員20人以上の賛成者を必要とする（同法第57条の2）。

なお、予算（修正の場合を除く。）、条約、皇室関係の財産の授受については、内閣のみが発議権を有する。

2　質問権

議員は、内閣に対し質問を行う権能をもつ。質問は議題とは関係なく行われ、一般質問と緊急質問に分けられる。一般質問の場合は、議長に対し質問主意書を提出し、院の承認を得なければならず、内閣は、当該質問主意書を受け取った日から7日以内に文書または口頭で答弁しなければならない。緊急質問の場合は、議院の議決により口頭で行うことができる（国会法第74条～第76条）。

3　質疑権

議員は、現に議題となっている議案について、口頭で質疑を行うことができる。

4　討論権および表決権

議員は、議案に対し、賛否の討論および表決に参加する権能を有する。

5　少数意見報告権

委員会において廃棄された少数意見について、少数意見者は、これを議院に報告する権能を有する（国会法第54条）。

6　弾劾裁判参加権

議院は、弾劾裁判所の構成に参加する権能を有する。

3 国会議員の特権

　国会議員には、その独立と自由な活動を保障するため、次のような特権が与えられている。

1　不逮捕特権

　憲法第50条は、「両議院の議員は、法律の定める場合を除いては、国会の会期中逮捕されず、会期前に逮捕された議員は、その議院の要求があれば、会期中これを釈放しなければならない。」と規定する。国会議員に与えられたこのような特権を不逮捕特権という。

　不逮捕特権の趣旨は、政府の権力によって不当に逮捕されたり、議員の活動（審議）が妨害されることを防止する点にある。

　ここにいう「逮捕」とは、公権力によって身体の自由を拘束することを指し、刑事訴訟法上の逮捕、勾引、勾留のほか、精神衛生法上の保護拘束や警察官職務執行法上の保護措置なども広く含まれると解されている。不逮捕特権は、法律の定める場合を除いて認められる特権であるが、「法律の定める場合」とは、その一つは院外における現行犯の場合である。この場合、犯罪事実が明らかで、政治的理由による不当逮捕のおそれがないからである。その二つは、逮捕の理由に正当性が認められ、議院の許諾があった場合である（国会法第33条、第34条）。

　なお、国会議員に認められている不逮捕特権は、会期中、原則として逮捕されないという権利にすぎず、訴追（起訴）されることまでも免れる特権ではない。したがって、会期中といえども、議員の身柄を拘束しないまま訴追することは許される。

　「会期中」とは、国会の召集の日から閉会の日までの期間をいうが、休会中は会期に含まれる。また、参議院の緊急集会は、単独で国会の権能を代行するものであるから、その期間は会期に含まれる。

2　発言・表決の免責特権

憲法第51条は、「両議院の議員は、議院で行った演説、討論又は表決について、院外で責任を負われない。」と規定する。この規定の趣旨は、議院における議員の発言や表決の自由を保障することにある。

　免責の対象となる行為は、議員が議院で行った演説や討論などの発言や表決であるが、「議院で行った」というのは、議員が議院の活動として職務上行ったという意味であって、必ずしも議院という場所に限定されない。したがって、議員が議院の活動として行ったものである限り、本会議だけでなく、委員会や地方公聴会、地方における国政調査業務従事中などにおける発言も免責の対象となる。「院外で責任を問われない」とは、議員が院内で職務行為として行った発言・表決は、たとえ民事、刑事、行政上の違法行為に該当しても、院外で、損害賠償、刑罰、懲戒などの法的責任を問われないことを意味する。例えば、人般人であれば名誉毀損罪に該当するような議員の発言であっても、院内で職務行為の過程の中で行うものである限り、刑事責任を問われない。ただし、暴行や傷害の罪を犯した場合や私語的発言（ヤジ等）は、免責の対象とならない。

　なお、この免責特権は国会議員のみに認められる。したがって、国会議員でない国務大臣や政府委員などには、この特権が認められていない。国務大臣が同時に国会議員である場合は、議員としての発言については、免責されるが、国務大臣としての発言は免責されない。

　また、院内で行った議員の発言が院内の秩序をみだしたり、品位を傷つけるような場合には、一定の懲罰の対象となる（憲法第58条第2項、国会法第119条、第116条、第122条）。懲罰には、①公開議場での戒告、②公開議場での陳謝、③一定期間の登院停止、④除名の4種類があり、除名については、その重大性にかんがみ、出席議員の3分の2以上の多数決によって決定される（国会法第122条）。

3　歳費その他の便益を受ける特権

　憲法第49条は、「両議院の議員は、法律の定めるところにより、国庫から

相当額の歳費を受ける。」と規定する。
　ここにいう「歳費」とは、国会議員が受ける給与のことである。この規定を受けて、国会法第35条は、一般職の国家公務員の最高の給料額（東大・京大の学長の受け取る給料額）より少なくない歳費を受け取ると規定している。このほか、議員には、退職金、通信費、派遣旅費等が支給される（国会法第36条、第38条、国会議員の歳費、旅費及び手当等に関する法律）。

【模擬問題㉛】
国会議員の地位に関する次の記述のうち、誤っているものはどれか。
(1)　国会議員は、全国民を代表するもので、選挙民の指示に拘束されない。
(2)　国会議員は、全国民を代表するものであっても、政党に属している限り、その指示に拘束されるのはやむを得ない。
(3)　国会議員は、第一審の有罪判決があった場合は、その身分を失う。
(4)　国会議員の地位は、選挙に当選した者が、その当選を承諾することによって取得する。
(5)　国会議員は、選挙に関する争訟において、判決により選挙または当選が無効となったときにその身分を失う。

【模擬問題㉜】
国会議員の特権に関する次の記述のうち、正しいものはどれか。
(1)　参議院の緊急集会の会期中は、不逮捕特権は適用されない。
(2)　不逮捕特権は、院内、院外を問わず現行犯の場合には適用されない。
(3)　議院の承諾があれば、会期中であっても議員を逮捕することができる。
(4)　議員の院内での行為について免責特権または不逮捕特権が適用され

るときは、その行為の違法性が阻却されることになる。
(5) 議院が議員の逮捕を許諾する場合には、期限や条件をつけることができる。

【模擬問題㊃】
　国会議員の特権に関する次の記述のうち、正しいものはどれか。
(1) 国会議員が院内で行ったヤジ等についても免責の対象となる。
(2) 国会議員は、院外における現行犯の場合またはその議院の許諾がある場合は、国会の会期中であっても、不逮捕特権が認められない。
(3) 国会議員は、国会の会期前に逮捕された場合、会期中はその議院の要求の有無にかかわらず釈放されなければならない。
(4) 国会議員は、院内で行った演説や討論について院外で責任を問われることはないが、この免責特権は、政府委員等にも適用される。
(5) 国会議員の免責特権は、刑事責任および民事責任についてのみ認められる。

【模擬問題㊄】
　次は、国会議員の特権について記述したものである。正しいものはどれか。
(1) 国会議員は、議院で行った演説、討論または表決について、院外で責任を負わないことになっているから、議院における行動については、国民などから政治的責任を追及されることはない。
(2) 国会の会期中、院外における現行犯として議員を逮捕する場合には、その議院の許諾を必要とする。
(3) 私語、ヤジ、暴力的行為などは、院内で行われたものであっても、

免責特権の対象とはならない。
(4) 会期前に逮捕された議員については、会期中その議院から釈放の要求があっても、これに応ずる必要はない。
(5) 議員は、会期中には逮捕されることがないから、起訴されることもない。

【模擬問題㊏】
次のうち、国会議員の権能と認められないものはどれか。
(1) 質問権
(2) 討論権
(3) 予算発議権
(4) 質疑権
(5) 発議権

〔4〕 国会の活動

1 国会の活動

1 会期

　国会は、内閣や裁判所と異なり、常時活動している機関ではなく、一定の限られた期間だけ活動能力をもつ。この期間を会期という。

　国会の会期については、①常会（予算の審議等のために毎年1回召集される会）、②臨時会（臨時の必要に応じて召集される会）、③特別会（衆議院が解散され、総選挙が行われたのち30日以内に召集される会）の3つに区別される（憲法第52条・第53条・第54条第1項）。

　会期の延長は、常会については1回、臨時会および特別会については2回に限り、両議院一致の議決で認められる（国会法第12条）。

2 会期不継続の原則

　国会は、会期ごとに独立した意思をもつものとされ、したがって、その会期中に議決されなかった案件は、原則として、次の会期（後会）に継続しない。これを会期不継続の原則という。審議未了となった案件を次の会期で審議、議決しようとするときは、改めて当該案件を提出しなければならない。ただし、委員会（常任委員会、特別委員会）は、各議院の議決により特に付託された案件については、閉会中であっても引続き審査することができることになっている（国会法第47条第2項）。この場合、委員会で審査された議案は後会に継続する（同法第68条）。

3 国会の召集

　召集とは期日を定めて国会議員を呼び集め、会期を開始させる行為をいい、会期の終了によって閉会となる。

　国会の召集は、天皇が内閣の助言と承認に基づいて行うが、実質的にこれを決定するのは内閣である。

なお、臨時会については、いずれかの議院の総議員の4分の1以上の要求があれば、内閣はその召集を決定しなければならないことになっている（憲法第53条後段）。

4　国会・各議院の休会

「休会」とは、国会または各議院が、その自発的意思に基づいて、一時的にその活動を休止することをいう。

国会の休会は、両議院一致の議決によって行われる（国会法第15条第1項）。各議院は、それぞれ、その議決によって休会することができるが、その期間は10日以内に限定される（同法第15条第2項）。各議院は、それぞれ、議長において緊急の必要があると認めたとき、または総議員の4分の1以上の議員から要求があったときは、国会の休会中または当該議院の休会中であっても、会議を開くことができる（同法第15条第3項）。

5　国会の議事手続

国会が適正に活動し得るためには、その前提として議事・議決の手続に関する原則が確立されていなければならない。国会の議事手続は、憲法、国会法および各議院の規則に定められているほか、多くの先例によって運用されている。

(1)　議事・議決の定足数

憲法は、「両議院は、各々その総議員の3分の1以上の出席がなければ、議事を開き議決することができない。」（第56条第1項）と規定し、両議院の本会議において議事を開き、議決するために必要な最少限度の出席議員の数を定めている。これを本会議における定足数という。本会議における定足数には、各議院が合議体として本会議を開き、審議を行うために必要な「議事の定足数」と各議院が合議体として意思を決定するために必要な「議決の定足数」とがある。ちなみに、明治憲法も、日本国憲法と同様に、議事・議決の定足数を総議員の3分の1と定めていた（第46条）。

ここで、「総議員」とは、各議院の議員の法定数ではなく、死亡、辞職、

除名等による欠員を除く現に議席を有する議員の総数を意味するものと解される。定足数を欠いた本会議の議事や議決は、法定要件を欠くものとして無効となる。

なお、「総議員の3分の1」という定足数は、あくまでも各議院の本会議における定足数であって、各議院の委員会における定足数は、その委員の半数以上（国会法第49条）、両院協議会の定足数は、各議院の協議委員の3分の2以上（同法第91条）となっている。

(2) **議決の方法（表決）**

憲法は、「両議院の議事は、この憲法に特別の定めのある場合を除いては、出席議員の過半数でこれを決し、可否同数のときは、議長の決するところによる。」（第56条第2項）と定め、両議院の本会議における表決について、原則として、過半数主義を採っている。ここにいう「出席議員」には、棄権者、白票を投じた者、無効票を投じた者は含まれない。憲法に定める例外として、表決にあたって出席議員の3分の2以上の多数決が要求される場合は、次のとおりである。

① 資格訴訟の裁判によって議員の資格を失わせる場合（第55条）
② 各議院が秘密会を開く場合（第59条）
③ 懲罰として、議員を除名する場合（第58条第2項）
④ 法律案について衆議院が再可決し、参議院の議決を排除する場合（第59条第2項）

　なお、憲法の改正を発議する場合は、各議院の総議員の3分の2以上の賛成を必要とする（第96条第1項）。

(3) **一事不再議の原則**

同一会期において一度議決した案件については、再度審議し、議決することはできない。

(4) **国務大臣の出席**

国務大臣は、いつでも議案について発言するため議院に出席することがで

きる。また、答弁または説明のため出席を求められたときは、出席しなければならないことになっている（第63条）。

6　会議の公開

(1)　会議公開の原則

　憲法は、「両議院の会議は、公開とする。ただし、出席議員の3分の2以上の多数で議決したときは、秘密会を開くことができる。」と定め（第57条第1項）、会議公開の原則を採用している。ここで、「会議」とは、両議院の本会議を指し、委員会の会議などは含まれない。「公開」とは、傍聴の自由はもとより、報道の自由が認められていることを意味する。本会議においては、原則として、一般国民の傍聴の自由や報道の自由が認められているが、委員会の会議は、議員のほか、報道機関その他の者で委員長の許可を得た者だけが傍聴を許される（国会法第52条）。すなわち、委員会の会議は、原則として、非公開である。なお、両院協議会の場合は、傍聴が全く認められていない。

(2)　会議の記録の保存、公表等

　憲法は、「両議院は、各々その会議の記録を保存し、秘密会の記録の中で特に秘密を要すると認められるもの以外は、これを公表し、かつ一般に頒布しなければならない。」（第57条第2項）と規定する。これは会議公開の原則に由来するものであり、会議録は、会議の完全な記録でなければならないとされている。会議録の主な内容は、本会議の議事録であるが、そのほかに、委員会の報告や少数意見書、質問主意書等が含まれる。会議録は、官報に掲載されるが、これが憲法第57条第2項にいう「公表」にあたる。なお、両議院の本会議における各議院の表決は、出席議員の5分の1以上の要求があった場合に限り会議録に記載される（第57条第3項）

2 衆議院の解散

1 意義

衆議院の解散とは、衆議院議員の任期（4年）満了前に、議員全員の身分（資格）を失わせる行為をいう（第45条）。衆議院の解散制度は、内閣と議会が対立した場合その他重要な政治上の問題に当面した場合などに、主権者である国民の意思（民意）を問うことを目的とし、また、衆議院の内閣不信任決議権に対応し、内閣と衆議院との均衡を維持するための機能を果たしている。したがって、解散制度は、衆議院のみ認められている。

2 解散の効果

(1) **衆議院議員たる身分の消滅**

解散の結果、衆議院議員の全部が、一斉にその身分を喪失する。

(2) **参議院の閉会**

会期中に衆議院が解散されると、会期は終了し、参議院も同時に閉会となる（第54条第2項本文）。なお、解散は会期中に行われるのが一般的であるが、その目的等から、理論上は会期中に限定すべき根拠はなく、閉会中に行うことも可能であるとされている。

(3) **総選挙の実施と特別会の召集**

衆議院が解散されたときは、解散の日から40日以内に、衆議院議員の総選挙を行い、その選挙の日から30日以内に、国会（特別会）を召集しなければならない（第54条第1項）。

3 解散権の主体

衆議院の解散は、憲法第7条第3号により天皇の国事行為とされているが、この国事行為（解散の詔書の発布）は、内閣の助言によって行われる形式的行為である。したがって、憲法上明文の規定がないけれども解散を実質的に決定する権能、すなわち実質的解散権は内閣だけがもっていると解されている。なお、衆議院みずからの議決によって行われるいわゆる自律的解散は、

多数者の意思によって、少数者の議員の身分をはく奪することになるので、憲法上認められていない。

4 解散の根拠

憲法は、衆議院の解散について、「内閣は、衆議院で不信任の決議案を可決し、又は信任の決議案を否決したときは、10日以内に衆議院が解散されない限り、総辞職をしなければならない。」(第69条) と規定し、解散の原因を定めているだけで、解散を行い得る場合を直接に定めていない。このため、この憲法第69条による解散の場合 (この場合も、形式的には、天皇の国事行為として行われる。) 以外でも、憲法第7条第3号による解散が行い得るか否かについて争われてきたが、現在では、①憲法第69条は、衆議院の解散か内閣の総辞職かを選択することを定めた規定であって、解散が行われる場合を限定したものとは解されないこと、②解散制度の目的は民意を問うことにあるから、内閣不信任決議がなされた場合に、それが真の民意であるか否かを問う場合はもちろん、これ以外の場合でも、重要な政治上の問題が発生し、これを解決するための施策等についても民意を問う必要があることなどの理由から、憲法第69条以外の場合でも同法第7条第3項に基づく解散が可能であるとする解釈が憲法慣行として定着している。

5 解散権の限界

衆議院の解散は、憲法第69条に基づくほか、同法第7条第3号に基づいて行うことも可能であるが、この場合、①衆議院で内閣の重要案件である法律案や予算等が否決され、または審理未了となった場合、②いわゆる政界再編等により内閣の性格が基本的に変容した場合、③総選挙の争点となっていなかった新しい重大な政治的課題 (立法、条約の締結等) に対処する場合、④内閣が基本的政策を根本的に変更する場合など、解散制度の趣旨・目的に徴し、合理的な理由が認められる場合に行われるべきものであり、内閣の一方的な都合や党利党略のために行われる解散は不当と解される。

3 参議院の緊急集会

1 緊急集会制度の意義
　衆議院が解散されると、会期は終了し、参議院は同時に閉会となるが、閉会中に、法律の制定その他国会の開会を必要とする緊急事態が発生した場合に、参議院に国会を代行させるのが緊急集会の制度である。

2 緊急集会の要件および手続
　緊急集会は、衆議院の解散中、国に緊急の必要があるとき、内閣の求めによって開かれる（憲法第54条第2項ただし書）。
　国に緊急の必要がある場合とは、災害や治安上の緊急事態が発生した場合、例えば自衛隊の防衛出動（自衛隊法第76条第1項）や災害緊急措置（災害対策基本法第109条）等、総選挙後の特別会の召集を待てない程に緊急性がある場合である。緊急集会を求めることができるのは内閣だけであり、天皇による召集手続を必要としない。すなわち、緊急集会の召集手続は、内閣の決定に基づき、内閣総理大臣が、集会の期日を定めて、参議院議長に要請することによって行われる（国会法第4条）。

3 緊急集会における参議院の権能
　緊急集会においては、内閣総理大臣から示された案件について審議し、議決する。議員は、内閣総理大臣によって示された案件に関連のあるものに限り、議案を発議することができる（国会法第101条）。
　参議院の緊急集会は、本来、単独で国会に代わる活動を行う制度であるから、原則として、国会の権能のすべてを行うことができるが、次の事項は除外される。
① 緊急の必要のないもの
② 憲法の改正の発議
③ 衆議院の専権的機能である内閣の信任・不信任決議の代行
　緊急集会中、議員は不逮捕特権や免責特権を有する。

4　緊急集会でとられた措置の効力

　緊急集会でとられた措置は、あくまでも一時的例外的なものであるから、次の国会(特別会)の開会後10日以内に、衆議院の同意を得られない場合には、当然に将来に向かってその効力を失う（憲法第54条第3項）。同意があった場合は、国会の通常の手続によってなされたものと同一のものとなり、例えば、立法行為であった場合は、そのまま正規の法律としての効力が確定する。

【模擬問題㊻】

　国会の議事手続に関する次の記述のうち、誤っているものはどれか。
(1)　各議院の本会議における議事・議決の定足数は、総議院の3分の1以上である。
(2)　明治憲法にも日本国憲法と同様の定足数の定めがあった。
(3)　両院協議会の定足数は、各議院の協議委員の3分の2以上である。
(4)　定足数を欠いた本会議の議事や議決は無効である。
(5)　各議院の委員会における議事・議決の定足数は、その委員の3分の1である。

【模擬問題㊼】

　国会の議事に関する次の記述のうち、誤っているものはどれか。
(1)　両議院の本会議を開くには、総議員の3分の1以上の出席が必要である。
(2)　本会議および委員会は、原則として、出席議員の過半数で議決することができる。
(3)　委員会は、原則として、公開で行われる。
(4)　本会議は、出席議員の3分の2以上の賛成があれば、秘密会とすることができる。

(5) 本会議には、原則として、傍聴の自由や報道の自由が認められている。

【模擬問題⑱】
両議院の本会議等における表決や公開に関する次の記述のうち、誤っているものはどれか。
(1) 両議院の本会議における表決は、原則として過半数主義がとられている。
(2) 議員の除名にかかる表決は、その議院の本会議において出席議員の3分の2以上の多数決によって決定される。
(3) 両議院の本会議および委員会は、原則として、公開される。
(4) 会議公開の原則とは、両議院の本会議について、原則として、傍聴および報道の自由が認められるということである。
(5) 両院協議会については、傍聴が認められていない。

【模擬問題⑲】
衆議院の解散に関する次の記述のうち、誤っているものはどれか。
(1) 解散制度は、衆議院のみに認められている制度である。
(2) 解散制度は、内閣と議会が対立した場合等において、主権者である国民の意思（民意）を問うことを目的とする制度である。
(3) 解散は衆議院の会期中にのみ認められ、閉会中は認められていない。
(4) 会期中に衆議院が解散されると、参議院は同時に閉会となる。
(5) 衆議院が解散されたときは、解散の日から40日以内に衆議院議員の総選挙を行わなければならない。

【模擬問題(90)】

衆議院の解散に関する次の記述のうち、誤っているものはどれか。

(1) 衆議院の実質的解散権は、内閣がもっている。

(2) 衆議院自らの意思によって、いわゆる自律的解散を行うことは認められていない。

(3) 衆議院の解散の根拠は、憲法第69条のほか、同法第７条第３号にあると解されている。

(4) 憲法第７条第３号に基づき内閣が衆議院を解散する場合、特段の制約はないと解されている。

(5) 衆議院が解散された場合、総選挙の日から30日以内に国会を召集しなければならない。

【模擬問題(91)】

衆議院の解散に関する次の記述のうち、妥当と思われるものはどれか。

(1) 衆議院を解散することは、天皇の国事行為とされており、衆議院の解散を実質的に決定する権限は天皇が有している。

(2) 衆議院で内閣不信任の決議案を可決し、または信任の決議案を否決したときは、内閣は、衆議院が解散されない限り、総辞職をしなければならない。

(3) 衆議院が解散されたときは、解散の日から30日以内に総選挙を行わなければならない。

(4) 衆議院が会期中に解散されたときは、参議院は、当該会期の残存期間に限って国会の活動を行うことができる。

(5) 衆議院が解散され、国会が召集されるまでの間に、国会の議決を必要とする緊急の案件が生じた場合には、内閣が国会の権限を代行する。

【模擬問題⑨2】
参議院の緊急集会に関する次の記述のうち、誤っているものはどれか。
(1) 緊急集会を求めることができるのは、内閣総理大臣である。
(2) 緊急集会において議決された事項が次の国会で衆議院の同意を得られない場合は、将来に向かってその効力を失う。
(3) 緊急集会においては、憲法改正の発議を行うことはできない。
(4) 緊急集会においては不逮捕特権や免責特権が認められない。
(5) 緊急集会において議決された法律案が、次の国会で衆議院の同意を得た場合は、そのまま法律としての効力が確定する。

【模擬問題⑨3】
衆議院の解散の効果に関する次の記述のうち、誤っているものはどれか。
(1) 衆議院議員の身分をはく奪する。
(2) 国会の会期を終了させる。
(3) 参議院については、閉会とならない。
(4) 衆議院議員の任期を短縮させる。
(5) 解散後特別会の召集があったとき内閣を総辞職させる。

【模擬問題⑨4】
参議院の緊急集会に関する次の記述のうち、誤っているものはどれか。
(1) 緊急集会は、衆議院の解散中に行われる。
(2) 緊急集会は、内閣によって決定され、内閣総理大臣が参議院議長に請求して行われる。

(3) 緊急集会は、すべての案件について審議し、議決することができる。
(4) 緊急集会中の参議院議員には不逮捕特権が認められる。
(5) 緊急集会でとられた措置は臨時のものであるから、次の国会の開会後10日以内に、衆議院の同意を得られなければ効力を生じない。

〔5〕 国会の権能

　国会の権能とは、衆議院と参議院から構成される複合機関としての国会の権能をいう。したがって、原則として、両院の議決の一致によって行われる。国会の権能は、衆議院と参議院とが、それぞれ単独に行使する「議院の権能」と区別される。
　国会の権能は、唯一の立法機関および国権の最高機関として広範囲にわたっているが、①立法に関する権能、②一般国務に関する権能および財政に関する権能に大別される。

1 立法に関する権能

　国会の立法に関する権能は、法律の制定が中心であるが、このほか、条約の承認および憲法改正の発議がある。

1　法律の制定
　憲法第59条第1項は、「法律案は、この憲法に特別の定めのある場合を除いては、両議院で可決したとき法律となる。」と規定する。すなわち、法律は、両院の議決で成立するが、その制定手続は、次のとおりである。

(1)　法律案の発議

　国会が唯一の立法機関であることから、国会を構成する各議院の議員は、所属議院に対し当然に法律案の発議権を有する。ただし、法律案の発議には、衆議院の場合議員20人以上（予算を伴う法律案では議員50人以上）、参議院の場合議員10人以上（予算を伴う法律案では議員20人以上）の賛成が必要である（国会法第56条第1項）。各議院のほか、各議院の委員会もその所管事項に関し、法律案の提出権をもっているが、この場合、委員長が提出者となる（国会法第50条の2）。内閣が法律案を提出することができることについて憲法上明文の規定はないが、次のような理由から、積極的に解されている（通

説)。

① 憲法第72条は、内閣総理大臣の議案提出権を認めているが、この「議案」には法律案が含まれないとする合理的な根拠がなく、したがって、法律案も含まれると解されること。

② 憲法第73条第5号は、内閣の予算提出権を定めていることから、その反対解釈として、このような明文の定めのない法律案の提出権については認められないとする消極説がみられるが、この規定は、第86条の規定(予算を作成し、国会に提出してその審議を受け、議決を経なければならない内閣の義務)とあいまって、予算の提出権は、もっぱら内閣の権限に属することを明らかにしたものであって、殊更に内閣の法律案提出権を否定する趣旨のものではないと解されている。すなわち、日本国憲法上の国会の地位が唯一の立法機関であることから、内閣の法律案提出権を真正面から規定することを避け、国会の発案権を尊重するとともに、内閣の法律案提出権については、法律事項に譲ったものと解されている。このようなことから、内閣法第5条は、「内閣総理大臣は、内閣を代表して内閣提出の法律案、予算その他の議案を国会に提出し、……」と規定しており、現に殆どの法律案は内閣から提出され、議員立法は、むしろ例外的となっている。

(2) **法律案の審議**

法律案が発議または提出されると、議長はこれを適当の委員会に付託し、その審査を経て本会議に提出される。ただし、特に緊急を要するものは、発議者または提出者の要求に基づき、議院の議決で委員会の審査を省略することができる(国会法第56条第2項)。

(3) **法律案の議決**

法律案は、原則として、両議院で可決したとき法律となる(憲法第59条第1項)。すなわち、法律は、国会の議決のみによって成立するのが原則であるが、この原則に対して、憲法は、次のような例外を認めている。

ア　衆議院の再議決(衆議院の優越)

ある法律案につき、衆議院が可決したにもかかわらず、参議院でこれと異なった議決をした場合、衆議院が出席議員の3分の2以上の多数で再びこれを可決したときは、衆議院単独の議決だけで法律となる（憲法第59条第2項）。これは、法律案の議決に関する衆議院の優越性を示すものであるが、この場合、衆議院は、事前に両議院の協議会を開くことを請求することができる（同条第3項）。しかし、両議院の協議会の開催を請求するか否かは衆議院の自由であるとされている。

　また、参議院が、衆議院の可決した法律案を受け取った後、国会休会中の期間を除いて60日以内に議決しないときは、衆議院は、参議院がその法律案を否決したものとみなすことができる（同条第4項）。この場合、衆議院が出席議員の3分の2以上の多数で再び可決すれば法律となる。

　イ　参議院の緊急集会における議決

　衆議院が解散されたときは、参議院は同時に閉会となるが、内閣は、国に緊急の必要があるときは、参議院の緊急集会を求めることができる（憲法第54条第2項）。この場合、参議院は、単独で国会の活動を行うことができるが、参議院の緊急集会においてとられた措置は、臨時のものであるから、次の国会（特別会）の開会の後10日以内に衆議院の同意がない場合は、その効力を失い（同条第3項）、同意があった場合は国会の通常の手続によってなされたものと全く同一のものとなる。例えば法律案の場合、そのまま正規の法律としての効力が確定することとなる。

　ウ　地方特別法における住民投票

　一つの地方公共団体にのみ適用される特別法は、国会の議決のほか、当該地方公共団体の住民投票において、その過半数の同意を得なければこれを制定することができない（憲法第95条）。このことは、地方特別法が適用される地方公共団体の特殊性を承認し、その住民の利益を保障するため、関係住民の意思を尊重しようとする趣旨に基づくものとされている。

(4)　主任の国務大臣の署名および内閣総理大臣の連署

法律および政令には、すべて主任の国務大臣が署名し、内閣総理大臣が連署することになっているが（憲法第74条）、この署名および連署は、法律や政令を執行する責任を明らかにするためのものであって、その成立要件ではない。したがって、署名および連署を欠いたとしてもその成立には影響がないと解されている（通説）。

(5)　**天皇による法律の公布**

　成立した法律は、最後に議決した議院の議長から内閣を経由して天皇に奏上され（国会法第65条第1項）、天皇は、内閣の助言によって奏上の日から30日以内に形式上法律を公布する（憲法第7条第1号、国会法第66条）。この公布は、法律の効力要件であるから、法律は公布によって効力が生ずる。

2　条約の承認

　条約とは、文書による国家間の合意をいい、形式上「条約」という名称をもった合意だけでなく、協約、協定、取決め、交換公文、宣言、憲章などの名称による合意も含まれる。条約は、本来、国際法上の法形式で両関係国家を拘束するものであるが、関係国家の国民の権利・義務に影響を及ぼす場合には、条約の公布によって国内法としての効力を生ずる。

　条約を締結することは、内閣の権限に属し（憲法第73条第3号本文）、その条約の締結は、内閣の任命する全権委員の調印または署名と内閣の批准（成立した条約を審査し、それに同意を与え、その効力を最終的に確定する行為で、文書によって行われる。）によって完了するのが原則であるが、条約の締結にあたっては、事前に、時宜によっては事後に、国会の承認を必要とする（同条同号ただし書）。

　ところで国会の承認は、条約の効力要件（条約が有効に成立するための要件）であるから、事前に国会の承認を経た条約は、内閣の批准によって確定的に有効に成立するが、事前に国会の承認を得られなかった条約は、内閣で批准することができない。また、すでに批准を経た条約で、事後に国会の承認が得られなかったものについては、国会の承認権の具体的な意味が諸外国

にも周知されている限りにおいて、国際法的にも無効と解されている（条件付無効説）。

　条約の締結に必要な国会の承認について、参議院で衆議院と異なる議決をした場合、国会法第85条に基づき両議院の協議会を開いても意見が一致しないとき（この場合の両院協議会の開催は法律上の必須要件である）または参議院が衆議院の可決（承認）した条約を受け取った後、国会休会中の期間を除いて30日以内に議決しないときは、衆議院の議決が自動的に国会の議決となる（憲法第61条、第60条第2項）。このことは、国際協調主義を基調とする日本国憲法が、すでに関係国家間において内容を確定している条約をできる限り尊重しようとする趣旨から、法律の制定に関する議決の場合以上に（衆議院の出席議員の3分の2以上の多数による再可決を必要としないこと）衆議院の優越性を強く保障していることを示している。

3　憲法改正の発議

　憲法第96条第1項は、「この憲法の改正は、各議院の総議員の3分の2以上の賛成で、国会が、これを発議し、国民に提案してその承認を経なければならない。この承認には、特別の国民投票又は国会の定める選挙の際行われる投票において、その過半数の賛成を必要とする。」と規定する。法律は、原則として、両議院の議決のみによって成立するが、憲法の改正については、その事柄の重大性にかんがみ、国会の発議と国民の直接投票による過半数の賛成によって成立する。国会の発議とは、両議院一致の議決（各議院の総議員「定員から欠員を差し引いた現員」の3分の2以上の賛成）によって国民に憲法の改正案を提案することをいう。国民の直接投票に関する手続法として、「日本国憲法の改正手続に関する法律」（平成19年5月18日法律第51号）いわゆる「国民投票法」がある。

2 一般国務に関する権能

国会の一般国務に関する憲法上の権能としては、①内閣総理大臣の指名（第67条第1項）と②弾劾裁判所の設置（第64条第1項）がある。

1 内閣総理大臣の指名

憲法第67条第1項は、「内閣総理大臣は、国会議員の中から国会の議決で、これを指名する。この指名は、他のすべての案件に先だって、これを行う。」と規定し、国会に内閣総理大臣を指名する権能を与えている。

内閣総理大臣の指名は、国会の議決によって行われるから、原則として、両議院の指名は、一致しなければならない。ただし、衆議院と参議院とが異なった指名の議決をした場合、両議院の協議会（必須要件）を開いても意見が一致しないとき、または、衆議院が指名の議決をした後、国会休会中の期間を除いて10日以内に、参議院が指名の議決をしないときには、衆議院の議決が自動的に国会の議決となる（第67条第2項）。このように、内閣総理大臣の指名にも衆議院の優越が認められるが、予算の議決や条約の承認の場合（30日以内）と異なり、10日以内とされているのは、内閣の首長である総理大臣の地位を長く不確定な状態にしておくことができないからである。

また、内閣総理大臣の指名が、他のすべての案件（法律案や予算案など）に先だって行わなければならないとされているのは、内閣総理大臣の指名が遅れると国政の運営に支障をきたすおそれがあるからである。

2 弾劾裁判所の設置

憲法第64条第1項は、「国会は、罷免の訴追を受けた裁判官を裁判するために、両議院の議員で組織する弾劾裁判所を設ける。」と規定し、国会に弾劾裁判所を設置する権能を与えている。

裁判官の身分は、司法権の独立を保持する見地から強く保障され、その罷免は、原則として、公の弾劾（義務違反や非行などを理由として官職にある者を一定の方法で審判し、罷免する手続）によらなければならないとされ

ているが（憲法第78条前段）、その公の弾劾を行う機関が弾劾裁判所である。弾劾裁判所は、各議院の議員の中から選挙された同数（7人）の裁判員で構成される（国会法第125条第1項、裁判官弾劾法第16条第1項）。

なお、弾劾裁判所を設けることは国会の権能であるが、弾劾裁判そのものを行うのは、弾劾裁判所の権限である。

3 財政に関する権能

憲法第83条は、「国の財政を処理する権限は、国会の議決に基づいて、これを行使しなければならない。」と規定して財政に関する基本原則を掲げ、これに基づいて、国会の財政に関する権能として、①予算の議決（第86条）、②租税の法定（第84条）、③国費の支出および国の債務負担行為の議決（第85条）、④予備費の議決（第87条）、⑤皇室経費の議決（第88条）、⑥決算の審査（第90条）、⑦財政状況の報告の受理（第91条）を定めている。

1　予算の議決

予算は、内閣が毎会計年度国会に提出してその審議を受け、議決を経なければならないとされている（第86条）。予算案は、まず衆議院に提出されてから参議院に回され、参議院が衆議院と異なる議決をしたときは、両院協議会を開いて協議される。両院協議会において意見が一致しないときは、衆議院の議決が国会の議決となる。

また、参議院が予算案を受理してから国会休会中の期間を除いて30日以内に議決しないときも、同様に取り扱われる（第60条）。このように予算案の審議についても衆議院の優越性が認められているが、これは、予算が国政の運用上不可欠のもので、両院の不一致により不成立となることを避ける必要があるからである。

2　租税の法定

憲法第84条は、「あらたに租税を課し、又は現行の租税を変更するには、

法律又は法律の定める条件によることを必要とする。」と規定し、租税法律主義をとっている。

なお、地方税については、地方自治の本旨から、条例で定めることができることになっている。

3　国費の支出および国の債務負担行為の議決

憲法第85条は、「国費を支出し、又は国が債務を負担するには、国会の議決に基づくことを必要とする。」と規定する。「国費の支出」とは、国の各般の需要を充たすための現金の支払いをいい、「国が債務を負担する」とは、国がその年度内に国費を支出する必要はないが、次年度以降に国費を支出することが予定されているときに、その支出義務を負担することをいう。

4　予備費の議決

内閣は、予見し難い予算の不足に充てるため、国会の議決に基づいて予備費を設けることができる（第87条第1項）。この予備費は、内閣の責任において支出されるが、事後に国会の承諾を得なければならない（同条第2項）。

予備費は、形式的には予算の一部であるが、予算の不足に充てるもので、その支出については、まだ国会の承認を得ていないものだからである。

5　皇室経費の議決

憲法第88条は、「すべて皇室財産は、国に属する。すべての皇室の費用は、予算に計上して国会の議決を経なければならない。」と規定する。この規定は、皇室の財産を国会のコントロールの下におくことを意図したものである。

6　決算の審査

憲法第90条第1項は、「国の収入支出の決算は、すべて毎年会計検査院がこれを検査し、内閣は、次の年度に、その検査報告とともに、これを国会に提出しなければならない。」と規定する。

予算が一会計年度における歳入と歳出の予定準則を定めたもので、国の財政の事前の監視を目的とするのに対し、決算は、一会計年度における現実の収入と支出の状況を示したもので、国の財政の事後の監視を目的としている。

このようなことから、憲法は、国の財政に対する国会の監視を実効あらしめるため、内閣に対しこれを国会に提出することを義務づけている。

7 財政状況の報告の受理

憲法第91条は、「内閣は、国会及び国民に対し、定期に、少なくとも毎年1回、国の財政状況について報告しなければならない。」と規定し、財政民主化の一環として、財政状況公開の原則を定めている。

なお、法律によって定められた国会の権能としては、次のようなものがある。

(1) **国会の内部的な運営・組織に関する権能**

① 両議院一致の議決による国会の臨時会・特別会の会期の決定（国会法第11条）

② 両議院一致の議決による常会、臨時会および特別会の会期の延長（同法第12条）

③ 両議院一致の議決による国会の休会（同法第15条）

④ 両議院一致の議決により、議員をしてその任期中内閣行政各部における各種の委員、顧問、参与その他これに準ずる職務に就かせること（同法第39条ただし書）

(2) **特別職の公務員の人事に関する権能**

内閣が行う会計検査院の検査官、人事院の人事官の任命に対する同意（会計検査院法第4条、国家公務員法第5条第1項など）

(3) **行政の監督に関する権能**

① 自衛隊の防衛出動または治安出動に対する承認（自衛隊法第76条第1項・第2項、第78条）

② 緊急事態布告（警察法第74条第1項）など

【模擬問題⑨⑤】
次の記述のうち、国会の権能に属さないものはどれか。

(1) 予算の議決

(2) 内閣総理大臣の指名

(3) 条約の締結

(4) 皇室経費の議決

(5) 憲法改正の発議

【模擬問題(96)】

次の記述のうち、国会の権能に属するものはどれか。

(1) 条約の締結

(2) 恩赦の決定

(3) 国政に関する調査

(4) 弾劾裁判所の設置

(5) 議員に対する懲罰

【模擬問題(97)】

次の記述のうち、憲法ではなく法律によって国会の権能とされているものはどれか。

(1) 条約の承認

(2) 予備費の支出

(3) 自衛隊の治安出動の承認

(4) 法律の議決

(5) 租税の法定

【模擬問題⑱】

次の記述のうち、妥当なものはどれか。

(1) 国会の議決した法律は、主任の国務大臣の署名および内閣総理大臣の連署がない場合は不成立となる。
(2) 国会の議決した法律は、天皇の名で公布されることによってその効力を生ずる。
(3) 一つの地方公共団体にのみ適用される特別法は、国会の議決によって成立するが、住民投票によってその過半数の同意を得なければ効力が生じない。
(4) 憲法改正の発議には、各議院の出席議員の3分の2以上の賛成が必要である。
(5) 内閣総理大臣の指定には、法律、予算の議決および条約の承認と同一条件の衆議院の優越性が認められている。

【模擬問題⑲】

国会の権能に関する次の記述のうち、誤っているものはどれか。

(1) 内閣総理大臣の指名
(2) 財政処理について議決
(3) 条約の締結についての批准
(4) 行政・司法作用に関する調査
(5) 一般国務・外交関係・財政状況について報告を受ける。

〔6〕 両議院（各議院）の権能

両議院の権能とは、衆議院と参議院とが、それぞれ独自の立場で単独に行うことができる権能をいう。両議院の権能は、法律・予算の議決権、条約の承認権、内閣総理大臣の指名権など両議院一致の議決によって行われる「国会の権能」と区別される。

憲法上両議院の有する権能には、①各議院が共通して有する権能、②衆議院のみに属する権能および③参議院のみに属する権能がある。

1 各議院が共通して有する権能

1 会期前に逮捕された議員の釈放要求権

各議院の議員は、院外における現行犯の場合を除いては、会期中その院の許諾がなければ逮捕されないという特権をもっているが、会期前に逮捕された議員は、その議院の要求があれば会期中これを釈放しなければならない（憲法第50条、国会法第3条）。

2 議員の資格に関する争訟の裁判権

議員の選挙および当選の効力に関する訴訟は、一般の裁判所の権限に属するが（裁判所法第3条第1項、公選法第204条以下、第208条以下）、議員の資格に関する争訟については、国会の独自性と自律性を保障するため、当該議員の所属する議院に裁判権を与えている（憲法第55条本文）。ここにいう「資格」とは、法律によって定められた議員の資格、すなわち議員の被選挙権を指す（憲法第44条、公選法第10条第1項第1号・2号、第11条、第11条の2）。

なお、資格争訟に関する議決の結果、議員の議席を失わせるには、出席議員の3分の2以上の多数決を必要とする（憲法第55条ただし書）。

3 役員の選任権

憲法第58条第1項は、「両議院は、各々その議長その他の役員を選任する。」

と定めている。議長以外の役員としては、副議長、仮議長、常任委員長、事務総長があげられるが、このうち、事務総長だけは、国会議員以外の者から選任される（国会法第16条）。

4　議院規則の制定権

憲法第58条第2項は、「両議院は、各々その会議その他の手続及び内部の規律に関する規則を定め、……」と定め、これに基づき衆議院規則、参議院規則、両院協議会規則などが制定されている。これらの規則は、議院内活動や秩序の維持について各議院の自主性を尊重する趣旨で規定されているものであるから、当該議院の内部においてのみその効力を有する。したがって、裁判所規則のように、一般国民を規制する法規としての性質をもたない。

ただし、傍聴人のように議院内にある者は、議員以外の者であっても、その適用を受けることになる。

5　議員の懲罰権

憲法第58条第2項は、「両議院は、……院内の秩序をみだした議員を懲罰することができる。」と定め、両議院に所属議員に対する懲罰権を認めている。懲罰には、公開議場における戒告または陳謝、一定期間の登院停止および除名の四種がある（国会法第122条）。このうち、除名には、出席議員の3分の2以上の多数による議決を必要とする（憲法第58条第2項ただし書）。

6　国政調査権

(1)　国政調査権の趣旨

憲法第62条は、「両議院は、各々国政に関する調査を行い、これに関して、証人の出頭及び証言並びに記録の提出を要求することができる。」と定め、両議院に、いわゆる国政調査権を認めている。この国政調査権は、国会が国権の最高機関であり、国の唯一の立法機関であることから、各議院が立法その他の憲法上の権限を有効、適切に行使するためには、その前提として国政に関する正確な情報を収集し得る権能が与えられなければならない。国政調査権は、このような趣旨から付与されたものである。なお、明治憲法におい

ては、このような調査権は認められていない。

(2) **国政調査権の主体**

国政調査権の主体は、各議院であるが、通常は、議院の議決により、その常任委員会または特別委員会などに付託して行われる。

(3) **国政調査権の本質**

国政調査権の本質については、議院が立法権、予算議決権、条約の承認権などの権能を有効、適切に行使し得るための手段として、その限りにおいて認められる補助的な権能であるとされている（通説）。

(4) **国政調査権の範囲および限界**

国政調査権の対象となる「国政」とは、憲法前文にある国政と同様、立法、行政および司法の三権の作用を指す。したがって、国政調査は、原則として、立法、行政および司法の全般に及ぶ。このうち、行政権との関係についていえば、内閣は国会の信任の上に成り立ち、議会に対して責任を負うという議院内閣制の原則上、国会は、内閣に対して広い監督権を有している。このため、国会は、内閣をはじめとする行政機関の行為の適法性および妥当性について調査することができる。ただし、行政処分の効果に直接影響を及ぼすような調査は行い得ないものと解されている。

司法権との関係については、司法権の独立およびこれに準ずる検察権の独立の見地から、公判係属中の事件や捜査中の事件・不起訴処分事件について調査することは許されず、さらには、すでに判決が確定した事件であっても、裁判の当否を審査し、批判する目的で調査することも許されないと解されている（通説）。

なお、国政と関係のない事項について調査することは、当然に許されない。

(5) **国政調査の方法**

国政調査権に基づく調査の方法は、憲法上明定された証人の出頭、証言および記録の提出の要求に限定され、これ以外に法律をもって各種の強制手段を設けることは許されない。

(6) 国政調査権に応ずる義務

　国政調査権の実効性を図るため、議院における証人の宣誓及び証言等に関する法律（略称「議院証言法」昭和22年12月23日法律第225号）が制定され、証人として出頭および証言または書類の提出を求められた者は、出頭および証言または書類の提出義務が課せられている（議院証言法第1条）。また、正当な理由なしに証人としての不出頭、証言拒絶または書類の不提出等があった場合、1年以下の禁錮または10万円以下の罰金に処する旨の罰則規定が設けられている（同法第7条）。

　ここで、「正当な理由」とは、証人またはその近親者等が訴追または有罪の判決を受けるおそれのある場合および医師その他特定の職にある者またはあった者が業務上知り得た秘密事項について証言や書類の提出等を求められた場合をいう。この場合は、その事由を示して証言等を拒むことができる（同法第4条）。

　また、証言や書類の提出などの要求事項が、公務員の職務上の秘密に関するものであるときは、当該公務所またはその監督官庁の承認を必要とし、当該公務所等が承認を拒むときは、その理由を疎明（そめい）（拒むことが一応もっともであると思われる程度の説明）しなければならない。議院がその理由を受諾できない場合には、内閣に対して証言や書類の提出が「国家の重大な利益に悪影響を及ぼす」旨の内閣声明を出すことを要求することができる。この声明があった場合は、証言や書類の提出義務が免れるが、10日以内に声明が出されないときは、証言や書類の提出をしなければならないことになる。（同法第5条）。

7　国務大臣の出席要求権

　各議院は、議案に対する答弁または説明のため、内閣総理大臣その他の国務大臣の出席を求めることができる。この要求があったときは、内閣総理大臣その他の国務大臣は出席しなければならない（憲法第63条後段）。

8　秘密会の開催権

両議院の会議は、公開されることが原則であるが、国政上秘密を要する事項については、出席議員の3分の2以上の多数決により秘密会を開くことができる（憲法第57条第1項ただし書）。

2 衆議院のみが有する権能

衆議院のみが有する権能として重要なものは、次の二つである。
(1) 内閣に対する不信任の決議案を可決し、または信任の決議案を否決する権能（憲法第69条）
(2) 参議院の緊急集会においてとられた措置に対して同意を与える権能（同法第54条第3項）

なお、衆議院で可決し、参議院でこれと異なった議決をした法律案は、衆議院で出席議員の3分の2以上の多数で可決したときは法律となることから、「法律の単独議決の権能」（同法第59条第2項）は、衆議院のみが有することになる。

3 参議院のみが有する権能

参議院のみが有する権能としては、緊急集会がある（憲法第54条第2項）。内容については、「〔4〕国会の活動、3　参議院の緊急集会」の項参照。

4 両議院の関係

1　相互独立の原則

国会は、衆議院および参議院の両議院で構成され（憲法第42条）、両議院の活動はそれぞれ独立して行われるが、両議院の議決が一致した場合、国会の意思としての国会の議決が成立する。これを相互独立の原則という。

2　衆議院の優越

　このように、衆議院と参議院の議決が一致した場合、国会の議決が成立するが、両議院の議決が一致しない場合、憲法は、一定の要件のもとに、衆議院の単独の議決をもって、国会の議決があったものと定めている。これは、憲法が、両院制より生ずる国政の渋滞を避けるために認めたもので、衆議院の優越といわれている。

　憲法上、衆議院に優越性が認められているのは、①法律案の議決（憲法第59条第2項・第4項）、②予算の議決（同法第60条）、③条約の承認（同法第61条）、④内閣総理大臣の指名（同法第67条第2項）の四つの場合であるが、このうち、予算の議決、条約の承認および内閣総理大臣の指名については、法律案の議決の場合よりも衆議院の優越性が強い。すなわち、法律案の議決の場合は、両議院の議決が一致しないとき、または参議院が衆議院の可決した法律案を受けとった後、国会休会中の期間を除いて60日以内に議決せず、衆議院が参議院においてこれを否決したものとみなしたときは、衆議院において出席議員の3分の2以上の多数で可決すれば、参議院の意思は排除され、衆議院の意思のみによって法律となる。これに対し、予算の議決、条約の承認、内閣総理大臣の指名の場合は、両院協議会を開いても意思が一致しないとき、または衆議院の議決後、予算および条約については30日、内閣総理大臣の指名については10日以内に参議院が議決しないときは、参議院の意思が排除され、衆議院の議決が国会の議決となる。このような衆議院の優越性の差異は、予算の議決、条約の承認および内閣総理大臣の指名が法律案の議決と比較し、国政に対する影響がより直接的であることから、できるだけ速やかに国会の意思を成立させる必要があることに由来する。

　一方、憲法改正の発議のような重大、かつ慎重な手続を要するものについては、衆議院の優越は認められていない。

　なお、衆議院の優越は、以上のような憲法上の定めのある場合のほか、法律上、臨時会、特別会の会期の決定や常会、臨時会、特別会の会期の延長の

決定の場合にも認められている（国会法第13条）。

3　両院協議会

両院協議会の制度は、両議院の議決が一致せず、両者の意思が対立した場合に、衆議院の優越によって一方的に解決する前に、両者の協議によってできる限り両議院の意思の合致を図ろうとするものである。すなわち、法律案の議決の場合には、衆議院は、出席議員の3分の2以上の多数による再可決という方法をとることができることから、両院協議会は必ず開かれるわけではなく、衆議院が要求した場合または参議院が要求して衆議院が同意した場合にのみ開かれる（憲法第59条第3項、国会法第84条）。これに対し、予算の議決、条約の承認、内閣総理大臣の指名の場合は、衆議院に出席議員の3分の2以上の多数による再可決の制度が認められていないから、必ず開かなければならず（憲法第60条第2項、第61条、第67条第2項）、両院協議会においても意思の合致に至らないときは、衆議院の議決が国会の議決となる。

なお、両院協議会は、以上のような憲法に定めがある場合のほかにも、国会の議決を必要とする案件について、後議の議院が先議の議院の議決に同意しないときに、先議の議院が要求した場合にも開かれる（国会法第84条ないし第88条）。

両院協議会は、各議院において選挙された各々10名の委員で組織される（同法第89条）。両院協議会において、協議案が出席委員の3分の2以上の多数で議決されたときは成案となり、この成案は、まず両議協議会を求めた議院で議し、これを他の議院に送付する（同法第93条第1項）。

成案については、各議院とも、可否を決定することができるだけであって、更に修正をすることは許されない（同条第2項）。

【模擬問題⑩】

次は両議院の権能について記述したものである。誤っているものはどれか。

(1) 国政調査権
(2) 法律案の議決権
(3) 議員の資格に関する争訟の裁判権
(4) 議員の懲罰権
(5) 内閣に対する不信任の決議案の可決権

【模擬問題⑩】

国政調査権に関する次の記述のうち、誤っているものはどれか。
(1) 国政調査権は、広く国政全般に及ぶから、現に裁判所に係属中の事件であっても調査することができる。
(2) 各議院は、委員会にその所管事項について調査を行わせることができる。
(3) 国政調査権は、国会の権能ではなく、各議院に与えられた権能である。
(4) 証人が公務員である場合、本人から職務上の秘密に関するものであることの申立てがあったときは、その公務所または監督庁の承認がなければ、証言を求めることはできない。
(5) 宣誓をした証人が虚偽の陳述をしたときは、議院証言法によって処罰される。

【模擬問題⑩】

次は国政調査権に関する記述である。妥当なものはどれか。
(1) 国政調査権は、議院自体が有するものであるから、特別の委員会を設けて、これに担当させることはできない。
(2) 明治憲法においても、議院の国政調査権が認められており、その手

段として強制的な手続が認められていた。
(3) 国政調査権は国会に認められた権能であり、証人の出頭を求めるためには、原則として、両議院一致の議決が必要とされ、一致の議決が得られない場合には、衆議院の議決が優先する。
(4) 国政調査権は、国会に強制的調査手段を付与したものであるから、記録の提出を拒む者に対しては、証人の出頭および証言ならびに書類の提出を強制するほかに、物品の捜索・押収をすることができる。
(5) 国政調査権は、行政機関の行政権の行使全般に及ぶが、行政処分の効果に直接影響を与えるような調査を行うことは許されない。

【模擬問題⑩】
両院協議会に関する次の記述のうち、誤っているものはどれか。
(1) 法律案について、衆議院の議決と参議院の議決が一致しないときは、必ずしも両院協議会を開く必要はない。
(2) 予算の議決、条約の承認、内閣総理大臣の指名の場合、衆議院と参議院の議決が一致しないときは、必ず両院協議会を開かなければならない。
(3) 両院協議会は、各議院において選挙された各々10人の委員で組織される。
(4) 両院協議会における協議案は、出席委員の3分の2以上の多数で議決されたときに成案となる。
(5) 各議院は、両院協議会で議決された成案について修正を加えることは可能である。

第5部 国会

【模擬問題⑭】

両議院の関係について記述した次の事項のうち、妥当なものはどれか。

(1) 衆議院において可決された法律案について、参議院がこれと異なった議決をした場合に、衆議院で総議員の3分の2以上の多数で再可決したときは、衆議院の議決が国会の議決となる。

(2) 予算について、参議院が衆議院と異なった議決をした場合に、法律の定めるところにより両院協議会を開いても協議会の意見が一致しないときは、衆議院の議決が国会の議決となる。

(3) 条約の承認について、衆議院が承認の議決をした後、60日以内に参議院が議決しないときは、参議院が衆議院の議決に同意したものとみなされ、衆議院の議決が国会の議決となる。

(4) 内閣総理大臣について、衆議院が指名の議決をした後、参議院がこれと異なった指名の議決をした場合、予算の議決と異なり、両院協議会を開く必要はなく、衆議院の議決が国会の議決となる。

(5) 法律案について、衆議院と参議院の議決が異なった場合、必ず両院協議会を開かなければならない。

【模擬問題⑮】

両議院の関係に関する次の記述のうち、誤っているものはどれか。

(1) 予算の議決、条約の承認および内閣総理大臣の指名について衆議院と参議院の議決が一致しないときは必ず両院協議会を開くことを義務づけられているのは、衆議院に出席議員の3分の2以上の多数による再可決の制度が認められていないからである。

(2) 衆議院の優越性は、臨時会や特別会の会期の決定のほか、常会、臨時会および特別会の会期の延長の場合にも認められている。

(3) 衆議院と参議院の議決が一致しない場合、一定の要件のもとに衆議院の議決に優越性が認められているのは、国政の渋滞を避けるためである。
(4) 憲法改正の発議には衆議院の優越性が認められていない。
(5) 内閣総理大臣の指名について衆議院と参議院の議決が一致しないときは、衆議院の議決が優先する。

第 6 部

内 閣

〔1〕 内閣の地位

1 内閣の意義

内閣とは、国の行政権を担当する最高の国家機関で、首長たる内閣総理大臣およびその他の国務大臣で組織される合議制の機関（合議体）をいう（憲法第65条、第66条第1項）。内閣については、憲法のほかに、内閣法が、その組織、職権、活動などについて規定を設けている。

2 内閣の地位

明治憲法のもとでは、行政権の主体は天皇であって（第4条）、内閣は、国務各大臣によって個別に天皇を補弼（天皇の統治権の補佐）する機関にすぎず、しかも、内閣は、憲法上定められた機関ではなかった（勅令である「内閣官制」上の機関）。

これに対し、日本国憲法は、「行政権は内閣に属する」として、内閣が国の行政権の主体であることを明らかにしている（第65条）。ここで、「行政権」とは、国の統治権から立法権および司法権を除いた残余のものを総称する（通説）。

かくして、国の行政権は、すべて内閣に属し、内閣によって行使され、天皇は、内閣の助言と承認のもとに憲法に定められた国事行為のみを行い得るにすぎない（憲法第3条）。したがって、内閣は、行政権の主体として、行政権を行使する機関としての地位と天皇の国事行為に対し助言と承認を行う機関としての地位を有する。

ところで、国の行政権は内閣に属するといっても、内閣だけが行政権のすべてを行使するわけではなく、内閣のもとに多くの行政機関が設けられ、具体的な行政事務は、これらの機関によって執行される。そして、内閣は、行

政権の最高機関として、これらの行政機関を指揮監督し、行政全体を統括する。

このようなことから、憲法自身がその独立性を認めている会計検査院の場合（第90条）を除き、内閣から完全に独立した行政機関を設け、これに一定の行政事務を行わせることは、原則として許されない。しかし、行政事務のなかで、特に政治的中立性、公正性が求められる事務、または準司法的な判断を必要とする事務で、内閣の指揮監督（コントロール）に服させることに適しないもの、例えば、国家公安委員会、公正取引委員会、中央労働委員会、人事院などの独立行政委員会は、内閣から独立した地位に置かれることが許されると解されている。

3 議院内閣制

議院内閣制というのは、行政府である内閣が議会、特に衆議院の信任によって成立・存続し、議会に対して政治的責任を負う制度のことである。

したがって、議会、特に衆議院は、常に内閣の責任を追及し、いつでも不信任決議によって総辞職を要求することができるが、これに対して内閣は、衆議院を解散し、新たに国民の意思を問うことができる。このように、議会と内閣との間には抑制・均衡（チェック・アンド・バランス）の相互関係が保たれている。このような議院内閣制のもとでは、必然的に内閣総理大臣は、議会、特に衆議院の第一党の党首が任命され、他の国務大臣も同一政党または連立政党に属する議員の中から任命されるというのいわゆる政党内閣制となり、総選挙の結果、国民の意思により衆議院の政党構成が変動すれば、これに伴い、内閣の交替、すなわち政権の交替が行われることになる。

日本国憲法は、次のような規定を設けて議院内閣制を明確に採用し、民主的責任行政を保障している。

① 内閣は、行政権の行使について、国会に対し連帯して責任を負うこと（第

第6部　内閣

66条第3項)。
② 内閣総理大臣は、国会議員の中から国会の議決で指名されること（第67条第1項)。
③ 国務大臣の過半数は、国会議員の中から選ばれなければならないこと（第68条第1項ただし書)。
④ 内閣は、衆議院で不信任の決議案を可決し、または信任の決議案を否決したときは、10日以内に衆議院が解散されない限り、総辞職しなければならないこと（第69条)。
⑤ 内閣総理大臣が欠けたとき、または衆議院議員の総選挙の後に初めて国会の召集があったときは、内閣は総辞職しなければならないこと（第70条)。
⑥ 内閣総理大臣は、内閣を代表して議案を国会に提出し、一般国務や外交関係について国会に報告すること（第72条)。
⑦ 内閣総理大臣その他の国務大臣は、答弁または説明のため出席を求められたときは、議院に出席しなければならないこと（第63条後段)。

【模擬問題⑩⑥】
次の記述のうち、議院内閣制に直接関係のないものはどれか。
(1) 内閣は行政権の行使について、国会に対して連帯責任を負う。
(2) 国務大臣の過半数は、国会議員の中から選ばなければならない。
(3) 内閣総理大臣は、国会に対する関係においては、内閣を代表する。
(4) 内閣総理大臣は、国会議員の中から国会の議決でこれを指名する。
(5) 衆議院で内閣不信任の決議案が可決されると、10日以内に衆議院が解散されない限り、内閣は総辞職しなければならない。

【模擬問題⑩⑦】
内閣の憲法上の地位に関する次の記述のうち、正しくないものはどれ

か。
(1)　内閣は、国の行政権の主体である。
(2)　内閣の行政権の行使については、国会のチェックを受けることがない。
(3)　内閣は、行政権の最高機関である。
(4)　内閣の統一性、一体制を確保するために、内閣総理大臣に首長としての強力な権限が与えられている。
(5)　内閣は、憲法上議院内閣制をとっている。

〔2〕 内閣の組織
1 内閣の構成員

　内閣は、合議制の機関（合議体）であって、法律の定めるところにより、その首長である内閣総理大臣およびその他の国務大臣で組織される（憲法第66条第1項）。内閣法によれば、内閣における国務大臣の数を原則14人以内（最大17人以内）と定めている（内閣法第2条第2項）。

　内閣総理大臣およびその他の国務大臣は、合議体としての内閣の構成員（閣僚）であるとともに、内閣府および各省庁の長であり、内閣法にいう「主任の大臣」として行政事務を分担管理するが（内閣法第3条第1項）、行政事務を分担管理しない、いわゆる「無任所大臣」も認められている（同条第2項）。各省大臣は、国務大臣の中から、内閣総理大臣によって任命される（国家行政組織法第5条第2項）。

　憲法は、内閣構成員の資格要件として、次の二点を定めている。

① 　内閣総理大臣その他の国務大臣は、文民でなければならないこと（第66条第2項）。

　　ここで「文民」とは、軍事に対する政治の優位、あるいは統制を確保する趣旨から、軍人でない者をいい、軍人であった者であっても現在軍人でない者は、「文民」に該当しないものと解される。また、自衛官は、軍人でないとしても、その組織・権限および文民統制（議会に対して政治責任を負う大臣（文民）が軍事権をコントロールし、軍の独走を抑止しようとする原則）という憲法の趣旨から、現職の自衛官は選任の対象となり得ないものと解される。

② 　内閣総理大臣は、国会議員でなければならず（第67条第1項）、その他の国務大臣は、その過半数が国会議員でなければならないこと（第68条第1項）。

ここで、内閣総理大臣が国会議員でなければならないということは、選任のための要件だけでなく、在職のための要件でもある。したがって、内閣総理大臣が辞職、除名、当選訴訟・資格訴訟などの結果、国会議員の地位を失った場合には、同時に内閣総理大臣の地位も失うものと解される。ただし、議員の任期の満了または衆議院の解散などの理由で国会議員でなくなった場合には、新たな内閣総理大臣が任命されるまでは、引続きその職務を行うことになる（第71条）。また、国務大臣の過半数が国会議員でなければならないということは、内閣全体の成立要件であり、存続要件である。したがって、内閣を構成する特定の国務大臣が国会議員としての地位を失ったとしても、国会議員である他の国務大臣を補充することによって、過半数の要件が満たされる限り、問題は生じない。

2 内閣総理大臣の地位と権限

1　内閣総理大臣の地位

　明治憲法のもとでは、国務各大臣が等しく天皇を輔弼（天皇の統治権の補佐）する建前がとられ（第55条第1項）、内閣総理大臣の地位については、憲法上明定されていなかった。このため、内閣総理大臣の地位は、他の国務大臣と対等で、わずかに内閣官制（勅令）により、内閣の主班（いわゆる同輩中の主席）としての地位を与えられているにすぎなかった。
　これに対し日本国憲法は、内閣の統一性、一体制を確保するため、内閣総理大臣に内閣の首長としての地位（第66条第1項）と、内閣を代表する地位を与えている。

2　内閣総理大臣の権限

　内閣総理大臣は、内閣の首長として、内閣の統一性を保持し、これを代表する地位にあることから、日本国憲法は、内閣総理大臣に対し、次のような指導的・統制的権限を与えている。

① 他の国務大臣を任命し、かつ任意に罷免すること（第68条）

　　ここで、「任意に」とは、法律上の制約がなく、内閣総理大臣の自由な裁量に委ねられていることを意味する。国務大臣の任免は、内閣総理大臣の専権事項に属し、これを閣議にかける必要はない。したがって、この権限は、内閣の統一性を確保するための強力な手段とされている。

② 在任中の国務大臣の訴追に対して同意を与えること（第75条）

　　国務大臣は、その在任中は内閣総理大臣の同意がなければ訴追されない。これは、国務大臣がその在任中に、不当な政治的（政略的）動機等から訴追されることを防止するための制度であるから、その制度の趣旨に即し、正当な理由がある場合は同意を与えないことができる。「これがため、訴追の権利は、害されない。」とは、内閣総理大臣が訴追を拒否した場合でも、訴追の対象となっている犯罪の公訴時効は進行しないことを意味する。

③ 内閣を代表して議案を国会に提出すること（第72条）

　　この議案のなかには、予算案のほか、法律案、憲法改正案が含まれる（内閣法第5条）。

④ 内閣を代表して一般国務および外交関係について、国会に報告すること（第72条）

⑤ 内閣を代表して行政各部を指揮監督すること（第72条）

　　内閣総理大臣は、内閣が閣議によって定めた基本方針に基づき、各省など行政各部を指揮監督する（内閣法第6条）ほか、主任の大臣間における権限の疑義を閣議にかけて裁定し（同法第7条）、また、行政各部の処分、命令を中止させ、閣議による内閣の処置を待つことができる（同法第8条）。

　　行政各部の長である各省庁の大臣は、国務大臣であるから、この行政各部に対する指揮監督の権限は、国務大臣に対する内閣総理大臣の任免権によって確保されている。

⑥ 法律および政令に、主任の国務大臣として署名し、また、主任の国務大臣とともに連署すること（第74条）

なお、内閣総理大臣の権限としては、以上のような憲法上の権限のほか、内閣法上の権限として閣議の主宰権（内閣法第4条第2項）がある。

3 国務大臣の地位と権限

1 国務大臣の地位

国務大臣は、合議体である内閣の構成員としての地位を有するとともに、各省庁の大臣として行政事務を分担管理する（内閣法第3条第1項）。なお、行政事務を分担管理しない、いわゆる無任所大臣も認められていることは、すでに触れたとおりである（同条第2項）。

2 国務大臣の権限

憲法上および法律上の国務大臣の権限は、次のとおりである。

(1) **内閣の構成員（閣僚）としての権限**
① 法律および政令に主任の国務大臣として署名すること（憲法第74条）
② 両議院の一つに議席を有するか否かにかかわらず、議案について発言するため、議院に出席すること（憲法第63条前段）
③ 閣議に出席すること。また、案件のいかんを問わず、内閣総理大臣に提出して、閣議を求めることができること（内閣法第4条第1項・第3項）

(2) **各省庁の長（主任の大臣）としての権限**
① 各省庁の事務を統括し、職員の服務を統督すること（国家行政組織法第10条）
② 主任の行政事務につき、法律・政令の制定、改正または廃止を必要とするときに閣議を求めること（同法第11条）
③ 主任の行政事務について省令を制定し、また、所掌事務について、告示、訓令または通達を発すること（同法第12条第1項、第14条）

4 閣議

　内閣は、合議制の機関（合議体）であり、内閣の意思は、国務大臣の全体会議である閣議によって決定される。また、内閣の職権は、閣議によって行われる（内閣法第4条第1項）。

　閣議は、内閣総理大臣が主宰するが（同条第2項）、議事についての特別の規定はなく、慣習によって行われる。

　閣議には、定例、臨時および持回りの各閣議があり、その会議の形式として、閣議決定、閣議了解および閣議報告がある。

　閣議は、非公開であり、その意思決定は多数決ではなく、全員一致の方法で行われる。意思決定に反対の国務大臣は自から辞職するか、内閣総理大臣によって罷免される（憲法第68条第2項）。閣議が全員一致の方法をとっているのは、最高の行政機関である内閣が、一体として、行政の統一を確保し、国会に対し連帯して責任を負わなければならないからである。内閣総理大臣に内閣の首長としての地位が与えられているのは、この辺の事情によるものと思われる。

5 内閣のもとにおける行政機関

　内閣は、行政の基本方針を定め、その方針に従って、各省庁など内閣の統轄のもとにある行政機関が具体的な行政事務を行う。

　国務大臣は、内閣総理大臣も含めて、内閣の構成員（閣僚）としての地位と各省庁の長としての地位を有する。すなわち、内閣総理大臣は内閣府の長であり、他の国務大臣は、内閣総理大臣によって各省庁の長に任命され、これによって、内閣とその統轄下にある行政各部との密接な連携が保たれる。

6 内閣の成立

　内閣総理大臣は、国会議員の中から国会の議決で指名されるが（憲法第67条第1項）、この指名は、衆議院議長から、内閣を経由して天皇に奏上され（国会法第65条第2項）、天皇は、国会の指名に基づいて国事行為として内閣総理大臣を任命する（同法第6条第1項）。この任命は、総辞職した前内閣の助言によって行われるもので（総辞職した前内閣であっても、新たな内閣総理大臣が任命されるまでは、引続きその職務を行う）、新たな内閣総理大臣が任命されると、それと同時に前内閣の内閣総理大臣およびその他の国務大臣は、すべてその地位を失い、新たに任命された内閣総理大臣によって国務大臣が任命され（同法第68条第1項）、天皇がこれを認証する（同法第7条第5号）。かくして、新しい内閣が成立することになる。

7 内閣の総辞職

1　総辞職の意義
　内閣の総辞職とは、内閣を構成する内閣総理大臣およびその他の国務大臣が、一斉にその職を去ることをいい、内閣の統一性および一体性を確保するために認められる制度である。

2　総辞職の要件

(1)　**自主的に総辞職できる場合**
　内閣は、国会の信任を背景として行政権を行うが、国会との対立によってその政策を実現できない場合や閣内の統一を保持することができない場合などに、自らの判断で自主的に総辞職をすることができる。

(2)　**憲法上総辞職しなければならない場合**
　内閣は、次のいずれかの該当する場合には、総辞職しなければならない。
①　衆議院が内閣不信任の決議案を可決し、または信任の決議案を否決した

場合で、10日以内に衆議院を解散しないとき（第69条）
② 衆議院議員の総選挙後、はじめて国会の召集があったとき（第70条）
③ 内閣総理大臣が死去または辞職などの事由により欠けたとき（第70条）

3 総辞職後の職務の執行

　内閣が総辞職した場合であっても、その内閣は、新たに内閣総理大臣が任命されるまでは、引続きその職務を行うものとされている（憲法第71条）。これは、行政権の行使に間隙が生ずることを防止しようとするものである。

　新たな内閣総理大臣が国会で指名された場合には、総辞職した内閣の助言に基づいて、天皇が新しい内閣総理大臣を任命し、この任命の時点で、総辞職した内閣の職務執行権が消滅することになる。

【模擬問題⑩⑧】

　内閣総理大臣に関する次の記述のうち、妥当なものはどれか。

(1) 内閣総理大臣は、最高裁判所の長たる裁判官を指名し、その他の最高裁判所の裁判官および下級裁判所の裁判官を任命する権能を有する。
(2) 内閣総理大臣は、行政各部を指揮監督する権能を有するが、その権能の行使については、閣議にかけて決定した方針に基づいて行われる。
(3) 内閣総理大臣は、法律および政令に主任の国務大臣として署名し、または主任の国務大臣とともに連署することとされているが、これらの署名がなければ法律および政令は無効となる。
(4) 内閣総理大臣は、主任の国務大臣の間において、権限についての疑義が生じた場合には、自らの判断で裁定することができる。
(5) 国務大臣を辞職した国会議員に対する訴追であっても、国務大臣在任中の行為であれば内閣総理大臣の同意を得なければならない。

【模擬問題⑩】

内閣総理大臣の憲法上の地位・権限に関する次の記述のうち、誤っているものはどれか。
(1) 内閣の首長としての地位が与えられている。
(2) 内閣を代表して行政各部を指揮監督する。
(3) 閣議を主宰する。
(4) 国務大臣を任命し、任意に罷免する。
(5) 在任中の国務大臣の訴追に対して同意を与える。

【模擬問題⑪】

内閣の総辞職に関する次の記述のうち、誤っているものはどれか。
(1) 内閣の総辞職とは、内閣総理大臣および国務大臣の全員が一斉にその職を去ることをいう。
(2) 内閣は、自らの意思で自主的に総辞職することができる。
(3) 内閣総理大臣が欠けたときは、内閣は総辞職をしなければならない。
(4) 衆議院が内閣不信任の決議案を可決したときは、内閣は総辞しなければならない。
(5) 内閣が総辞職しても、新たに内閣総理大臣が任命されるまでは、従前の内閣が引続きその職務を行わなければならない。

【模擬問題⑪】

内閣が必ず総辞職しなければならない場合として、正しいものは、次のうちどれか。
(1) 衆議院または参議院において内閣提出の予算案を否決したとき

(2) 衆議院が解散され、衆議院議員の総選挙後はじめて国会の召集があったとき
(3) 衆議院において内閣不信任の決議案を可決し、または信任の決議案を否決したとき
(4) 衆議院において主要な国務大臣の不信任案を可決したとき
(5) 国務大臣の辞任などにより、国会議員である国務大臣が内閣の過半数に満たなくなったとき

【模擬問題⑫】
内閣総理大臣に関する次の記述のうち、誤っているものはどれか。
(1) 内閣総理大臣は、内閣の首長である。
(2) 内閣総理大臣は、みずから各省大臣になることができない。
(3) 内閣府の長は、内閣総理大臣である。
(4) 内閣総理大臣の任命権者は天皇である。
(5) 内閣総理大臣が欠けたときは、内閣は総辞職しなければならない。

【模擬問題⑬】
国務大臣の地位・権限に関する次の記述のうち、誤っているものはどれか。
(1) 国務大臣は、各省庁の長として行政事務を分担管理する。
(2) 国務大臣は、議案について発言するため、議院に出席することができる。
(3) 国務大臣は、内閣の構成員としての地位を有する。
(4) 各省庁の長（主任の大臣）としての国務大臣は、主任の行政事務について省令を制定し、また、所掌事務について、告示、訓示または通

達を発することができる。
(5)　各省庁の長（主任の大臣）としての国務大臣は、法律および政令に主任の国務大臣として署名する。

〔3〕 内閣の権能と責任

1 内閣の権能

1 憲法第73条の職務

憲法第73条は、「内閣は、他の一般行政事務の外、左の事務を行う。」と定め、内閣の固有の権限に属する一般行政事務のうち、特に重要な事務として、次の七つの事務を列挙している。

① 法律を誠実に執行し、国務を総理すること（第1号）。

　行政の本質は、法律を執行することであり、法律の執行とは、行政が法律に基づき、法律に従って行われることを意味する。「誠実」とは、執行すべき法律が、国権の最高機関であり、国の唯一の立法機関である国会によって制定されるものであるから、その執行を拒否したり、誤って執行することは許されないことを意味する。また、国会が制定した法律を内閣が憲法に違反すると判断した場合でも、憲法第99条（国務大臣の憲法尊重・擁護義務）および第88条（違憲審査権が司法機関に委ねられていること）の趣旨から、それを理由として誠実な執行を拒むことは許されないとされている。「国務を総理する」とは、最高の行政機関として国の行政事務を統轄し、行政各部を指揮監督することをいう。

② 外交関係を処理すること（第2号）。

　例えば、全権委任状、大使・公使の信任状、領事の委任状など各種の外交文書を作成し、または外国の大使・公使の接受に同意を与えることなどがこれにあたる。

③ 条約を締結すること。ただし、事前に時宜によっては事後に、国会の承認を経ることが必要である（第3号）。

　「条約」とは、国家間の文書による合意をいい、条約という名の合意だけでなく、「協約」、「協定」、「取決め」、「議定書」などによる国家間の合

意も条約に含まれる。

　条約の締結は、通常、全権委員が条約文書に調印（署名）することによって成立し、内閣がこれを批准（条約の内容を最終的に確認する行為）することによって確定的にその効力が発生する。

　条約の締結にあたっては、原則として事前に、時宜によって（緊急の必要がある場合に）、事後に国会の承認を受けなければならないことになっているが、その趣旨は、条約が国家自体の運命や国民の権利・義務に重大な関係を有することから、その締結については、国民の代表である国会によって民主的にコントロールすべきであるという考え方に由来する。

　条約の締結について、国会の事前承認が得られない場合には、内閣は条約を締結することができない。また、国会が条約の事後承認を否決した場合、国会の事後承認は、条約締結に関する手続上の重要な要件であるから、これを欠くものとして、国内法的には有効に成立せず、国際法的にも無効と解される（ウィーン条約第46条第1項ただし書き）。

④　法律の定める基準に従い、官吏に関する事務を掌理すること（第4号）。

　ここにいう「法律」とは、国家公務員法をいい、「官吏」とは、内閣の統轄のもとに国の行政事務を担当する公務員のことで、国会議員・国会職員、裁判官・裁判所職員、地方公共団体の議員・職員などはこれに含まれない。「官吏に関する事務」とは、国家公務員の職階制、試験、任用、給与、分限、懲戒、服務などに関する事務を指す。

⑤　予算を作成し、国会に提出すること（第5号）。

　この権限は内閣の専権事項であり、「内閣は、毎会計年度の予算を作成し、国会に提出してその審議を受け議決を経なければならない。」と定めた憲法第86条の規定を受けたものである。

⑥　憲法および法律の規定を実施するために、政令を制定すること。ただし、政令には、特にその法律の委任がある場合を除いては、罰則を設けることができない（第6号）。

「政令」とは、行政府である内閣が制定する命令をいい、法律の規定を実施するために制定される「執行命令（政令）」と法律の委任に基づいて制定される「委任命令（政令）」がある。

ここにいう「憲法および法律の規定を実施するために」とは、憲法を実施するために法律が制定され、その法律を実施するために政令を制定することができるという意味であって、憲法の規定を直接実施するために政令を制定することは許されない。憲法を実施するための政令の制定が可能であるとすれば、憲法を実施するための法律を制定する国会の立法権と抵触し、国会を国の唯一の立法機関と定めた憲法第41条の趣旨に反することになるからである。

なお、憲法上明文の規定はないが、法律の委任に基づいて政令（委任命令〔政令〕）を制定することは可能であると解されている（内閣法第11条）。ただし、この場合の法律の委任は、一般的あるいは包括的な委任ではなく、具体的な委任でなければならない。

⑦　大赦、特赦、減刑、刑の執行の免除および復権を決定すること（第7号）。

これらを総称して恩赦といい、恩赦は、行政権の作用によって国家の刑罰権の全部または一部を消滅させることによって犯罪者を赦免し、また、一定の罪について公訴権を消滅させる制度である。

恩赦は内閣が決定し、天皇が国事行為として認証する。

2 憲法第73条以外の職務

憲法第73条の職務以外に、憲法上個別に定められている内閣の職務として次のようなものがある。

① 　天皇の国事行為に対して助言と承認を与えること（第3条、第7条）。
② 　最高裁判所の長たる裁判官（最高裁判所長官）を指名すること（第6条第2項）。

③　最高裁判所長官以外の最高裁判所の裁判官および下級裁判所の裁判官を任命すること（第79条第1項、第80条第1項）。
④　国会の臨時会の召集を決定すること（第53条）。
⑤　参議院の緊急集会を求めること（第54条第2項ただし書）。
⑥　予備費を支出すること（第87条）。
⑦　決算を国会に提出すること（第90条第1項）。
⑧　国会および国民に対し、国の財政状況について報告すること（第91条）。

　以上が憲法に規定された内閣の権能であるが、勿論、内閣の権能は、これに限られたものではなく、憲法第73条にあるとおり、広く「他の一般行政事務」に及ぶことは当然であり、現実に内閣の職務の多くは、「一般行政事務」に属している。

　なお、憲法上、直接的には明文の規定はないが、衆議院の解散権、法律案・憲法改正案の提出権についても、下記の理由により、解釈上内閣の権能とされている。特に内閣の法律案提出権について、内閣法第5条は、明文でこれを認めており、実際上も慣行として確立されている。

①　天皇の国事行為としての衆議院の解散は、内閣の助言により行われるものであるから、実質上内閣に解散権があると解されること（第7条第3号）。
②　内閣総理大臣には、内閣を代表して議案を国会に提出する権限が与えられているが、この議案には当然に法律案、憲法改正案も含まれると解されること（第72条）。

3 内閣の責任

　憲法第66条第3項は、「内閣は、行政権の行使について、国会に対し連帯して責任を負う。」と規定する。明治憲法のもとでは、国務各大臣が個々に天皇に対して責任を負っていたが、日本国憲法においては、内閣が国会に対して、連帯して責任を負う形をとっている。

第6部　内閣

　内閣の責任の対象となる「行政権の行使」とは、内閣の権限の行使と同義であるから、憲法第73条に定める一般行政事務についてはもとより、およそ内閣の権限に属するすべての事務がこれに含まれ、天皇の国事に対する助言・承認もその例外ではない。「連帯して」とは、内閣を構成する国務大臣全体が国会に対して責任を負うという意味である。しかし、このことは、内閣総理大臣および個々の国務大臣が、自己の発言や行動について、個別的に責任を問われることを否定することにはならない。「責任を負う」というのは、政治的責任を負うという趣旨であり、「政治的責任」とは、内閣の権限行使について政治的批判を受け、その結果生ずる不利益を受け入れることを意味する。国会が内閣の責任を問う手段は、質問、質疑、行政調査などさまざまであるが、そのうち、最も重要な手段は、衆議院による内閣不信任決議の可決（あるいは信任決議の否決）である。

【模擬問題⑭】
　次のうち、内閣の権能に属さないものはどれか。
（1）　条約を締結すること。
（2）　臨時国会の召集を決定すること。
（3）　最高裁判所の長たる裁判官を指名すること。
（4）　法律案を作成して国会に提出すること。
（5）　政令および省令を制定すること。

【模擬問題⑮】
　内閣の権能に関する次の記述のうち、誤っているものはどれか。
（1）　参議院の緊急集会を求めること。
（2）　条約を承認すること。
（3）　憲法改正案を国会に提出すること。

(4) 衆議院を解散すること。
(5) 委任政令を制定すること。

【模擬問題⑯】
　次の記述のうち、内閣の権能に属さないものはどれか。
(1) 大使・公使の信任状を作成すること。
(2) 内閣が違憲と認めた法律を執行すること。
(3) 外国の大使・公使を接受すること。
(4) 予算を作成し、国会に提出すること。
(5) 下級裁判所の裁判官を任命すること。

【模擬問題⑰】
　内閣の責任に関する次の記述のうち、正しいものはどれか。
(1) 国会による内閣の責任追及は、内閣に対してなされるべきであり、各大臣の個別的責任の追及は許されない。
(2) 内閣の国会に対する責任には、政治的責任のほか、法律上の責任も含まれる。
(3) 内閣の責任の対象は、憲法に定められた内閣の権能に限定される。
(4) 天皇の国事行為に対する助言と承認については、内閣の責任を問われない。
(5) 内閣の責任の最も顕著な例として、衆議院による内閣不信任決議の可決または信任決議の否決がある。

第6部　内閣

【模擬問題⑱】

内閣の責任に関する次の記述のうち、誤っているものはどれか。

(1) 天皇の国事行為に対する内閣の責任は、助言と承認についての責任である。
(2) 内閣は、行政権の行使について、天皇に対して責任を負う。
(3) 国会は、内閣の責任について、質疑、質問、国政調査および内閣不信任の決議儀等で問うことができる。
(4) 閣議は、閣僚の全員一致によることを必要とし、閣僚は、閣議決定と異なる行動をとることは許されない。
(5) 内閣は、行政権の行使について、国会に対し連帯して責任を負う。

【模擬問題⑲】

憲法第73条以外の内閣の職務に関する次の記述のうち、誤っているものはどれか。

(1) 暫定予算を作成して支出すること。
(2) 最高裁判所長官を指名すること。
(3) 決算を国会に提出すること。
(4) 参議院の緊急集会を求めること。
(5) 最高裁判所長官以外の裁判官を任命すること。

【模擬問題⑳】

内閣の権能に関する次の記述のうち、妥当なものはどれか。

(1) 内閣は、条約の締結を行うことができるが、条約の締結に対する国会の承認を得るにあたっては、先に衆議院の議決を経なければならな

229

い。

(2)　内閣は、大赦、特赦、減刑、刑の執行の免除および復権を決定することができるが、事前に国会の承諾を経なければならない。

(3)　内閣は、予備費を支出することができるが、事前に国会の承諾を経なければならない。

(4)　内閣は、臨時会の召集を決定することができるが、いずれかの議院の総議員の4分の1以上の要求があれば、その召集を決定しなければならない。

(5)　内閣は、最高裁判所の長たる裁判官を指名することができるが、指名にあたっては、事前に国会の承認を経なければならない。

第7部

裁判所

〔1〕 司法権

1 司法権の意義

司法権とは、具体的な争訟事件について、法を適用し、宣言することによって、これを裁定し、その争いを解決する国家の作用をいう。

このような司法権は、すべて最高裁判所および法律の定めるところにより設置される下級裁判所に属する（憲法76条第1項）。

明治憲法のもとでは、司法権は天皇に属し、裁判所は天皇の名においてこれを行うものであったのに対し、日本国憲法は、本来裁判所に属し、裁判所がこれを行使するものと定めている。

2 司法権の範囲

司法権の範囲については、二つの考え方がある。

その一つは、フランスやドイツなどのヨーロッパ大陸の諸国で発達した制度で、司法権を民事事件と刑事事件に限定してこれを司法裁判所に担当させ、行政事件については、別に設けられる行政裁判所の所管とするものである。

他の一つは、イギリスやアメリカで発達した制度で、司法権の範囲について、民事事件、刑事事件だけでなく、行政事件の裁判を含むすべての争いの裁判を意味するものとし、これらをすべて司法裁判所に行わせようとするものである。

明治憲法は、ヨーロッパ大陸型の制度を採用し、行政事件については、行政裁判所が設けられ、司法裁判所は、民事・刑事事件だけを所管していた。これに対し日本国憲法は、英・米型の制度にならって司法権の範囲を拡大し、民事・刑事事件だけでなく、行政事件の裁判についても司法権に含めている。

なお、この点については、憲法上明文の規定があるわけではないが、憲法

第81条が、「最高裁判所は、一切の法律、命令、規則又は処分が憲法に適合するかしないかを決定する終審裁判所である。」と定め、裁判所に行政処分の違憲性を審査する権限を与えていることから解釈上明らかであるとされている。裁判所第3条第1項は、この解釈に基づき、裁判所は日本国憲法に特別の定めのある場合を除いて、一切の法律上の争訟を裁判すると定め、また、憲法第76条第2項は、この趣旨を徹底させるため、特別裁判所の設置と行政機関が終審として裁判を行うことを禁止している。

3 司法権の限界

　司法権は裁判所に属し（憲法第76条第1項）、裁判所は、日本国憲法に特別の定めのある場合を除いて、一切の法律上の争訟を裁判することができるが（裁判所法第3条第1項）、この「法律上の争訟」とは、当事者間の具体的な権利・義務または法律関係の存否に関する紛争であって、法律の適用によって終局的に解決することができるものをいうとされている（最高裁昭和29年2月11日判決、最高裁昭和41年2月8日判決）。したがって、裁判所は、このような具体的争訟事件を離れて抽象的に法律や命令等の合憲性を判断することはできない（最高裁昭和27年10月8日判決）〔警察予備隊令違憲訴訟〕。このことを裁判における「事件性」または「争訟性」の要件という。

　このほか、次の事項については、司法権が及ばないとされている。
(1)　国際法上の治外法権や特別の条約によって裁判権が制限されている場合
(2)　憲法に特別の定めがある場合
　両議院の権限に属する国会議員の資格争訟に関する裁判（憲法第55条）や国会の弾劾裁判所の権限に属する裁判官の弾劾裁判（憲法第64条）
(3)　その性質上裁判所の司法審査に適さないと認められるもの
　ア　国会や内閣の自律に委ねられている事項
　　例えば、両議院の国会議員に対する懲罰（憲法第58条第2項本文）、国

会や内閣の意思決定の手続に関する事項、すなわち両議院の議決が適法に行われていたか否か（議事の定足数や議決における過半数の要件を満たしていたかどうか）、閣議の手続が適法であったか否かなど。

イ　行政機関の自由裁量事項

　　行政機関に法律の定める一定の範囲内で自由裁量が認められている場合、その裁量に当不当の問題が生じたにすぎない場合は、裁判所の審査の対象とはならない。しかし、行政機関が裁量権を濫用した場合、あるいは裁量権の範囲を逸脱した場合は、違法な行為として審査の対象となる。

ウ　立法権の裁量事項

　　憲法第25条の生存権（健康で文化的な最低限度の生活を営む権利）のように、憲法が国の努力すべき政策の目標（指針）を示すのみで、その具体的な内容を立法機関の裁量に委ねている、いわゆるプログラム規定については、具体的にどのような内容の法律を制定するかは、立法機関の裁量事項であり、その裁量の範囲内においては、裁判所は違法、違憲の判断をすることができない。

　　ただ、立法機関が、その裁量権を逸脱し、著しく不合理であることが明らかである場合に限って、これを違憲とし、その効力を否定することができるとされている（最高裁昭和47年11月22日判決）。

エ　統治行為

　(ｱ)　統治行為の意義

　　　統治行為とは、高度な政治性を有する行為であるため、これについて法的判断が可能であっても裁判所の審査の対象から除外される国家行為をいい、政治問題とも呼ばれている。

　(ｲ)　統治行為の論拠

　　　統治行為の理拠については、裁判所は、本来統治行為についても司法審査を行うことが可能であるが、これを行うことによる混乱を回避するために裁判所が自制すべきであるとする自制説と高度の政治性を有する

行為は、国民に対して政治的責任を負っていない（国民によって直接選任されていない）裁判所の審査の対象外のもので、その当否は、国会や内閣の判断に委ねられているとする内在的制約説（本質説）があるが、判例は内在的制約説の立場をとっている。

(ウ) 統治行為に属する事項

① 外交的、対外的行為

例えば、条約の締結、国家または政府の承認、戦争状態の存在の認定、自衛の要件、国境・公海に関する事項など

② 国会または両議院と内閣との関係に関する行為

例えば、内閣総理大臣の指名、衆議院の解散、国会の召集手続など

③ 内閣総理大臣の政治的判断に委ねられた行為

例えば、国務大臣の任命、国務大臣の訴追に対する内閣総理大臣の同意

【模擬問題⑫】

司法権に関する次の記述のうち、誤っているものはどれか。

(1) 司法権を行う裁判所としては、憲法は最高裁判所と下級裁判所の二種を認めている。

(2) 特殊な人または特別な事件について裁判するために、通常の裁判所の系列のほかに、特別の裁判所を設けることは禁じられている。

(3) 行政機関は、終審として裁判を行うことは許されていない。

(4) 国会の議事に対する不満について裁判所が審査することはできない。

(5) 両議院の議長選挙の有効・無効について、裁判所は裁判することができる。

【模擬問題⑫】

統治行為に関する次の記述のうち、誤っているものはどれか。

(1) 統治行為は、憲法の解釈として学説・判例上認められた概念である。

(2) 統治行為は、国家作用のうち、その合法性について法的な判断をすることが可能であっても、その行為の高度の政治性故に、裁判所の司法審査から除外されたものである。

(3) 衆議院の解散は統治行為に属する。

(4) 国会議員の選挙も、統治行為の性質を有する。

(5) 条約の締結は、統治行為である。

〔2〕 裁判所の組織と権能

1 裁判所の種類

　憲法上、司法権を担当する裁判所は、最高裁判所と法律の定めるところにより設置する下級裁判所とされ（第76条第1項）、これに基づき、裁判所法第2条は、下級裁判所として、高等裁判所、地方裁判所、家庭裁判所および簡易裁判所の4種を定めている。

2 特別裁判所の禁止

　特別裁判所は、これを設置することができない（憲法第76条第2項前段）。特別裁判所とは、特殊な人または特殊な事項について終審として裁判を行う特別の裁判所で、通常の司法裁判所の系列に属さないものをいう。明治憲法下における軍法会議、皇室裁判所などがこれにあたる。特別裁判所の禁止の趣旨は、司法権を統一的に司法裁判所に属させることによって、すべての人がひとしく法の下に平等であって、同じ裁判所による公正な裁判を受けることができるようにするためである。

3 行政機関による終審裁判の禁止

　行政機関は、終審として裁判を行うことはできない（憲法第76条第2項後段）。しかし、特殊な事項については、その専門的な知識や迅速な判断を必要とすることなどから、準司法手続により、行政機関に法律上の争訟を審判させることが認められている。裁判所法第3条第2項が、行政機関が前審として審判することを妨げないと定めているのは、このことを意味している。特許審判、海難審判、公正取引委員会の審決、行政不服審査法に基づく審査

請求等に対する裁決等がこれにあたる。なお、これらの行政機関による審判に不服のある者には、当然にさらに裁判所に出訴できる途が開かれている。

4 最高裁判所の構成と権限

1 構成

最高裁判所は、その長である最高裁判所長官とその他の裁判官である最高裁判所判事14名で構成される（憲法第79条第1項、裁判所法第5条第1項・第3項）。最高裁判所長官は、内閣の指名に基づいて天皇が任命し（憲法第6条第2項）、その他の裁判官は、内閣が任命し（憲法第79条第1項）、天皇が認証する（憲法第7条第5号、裁判所法第39条）。なお、最高裁判所長官および最高裁判所裁判官は、国民審査制によって民主的なコントロールを受ける。

2 権限

最高裁判所は、憲法によって設けられた司法権を行使する最高機関であって、一切の法律、命令、規則または処分が憲法に適合するか否かを決定する権限（違憲審査権）を有する終審裁判所であって（憲法第81条）、民事、刑事、行政事件を問わず、一切の法律上の争訟について上告事件と訴訟法において特に定める抗告（特別抗告）事件の裁判権を有する（裁判所法第7条）。

このほか、最高裁判所は、訴訟に関する手続、弁護士、裁判所の内部規律および司法事務処理に関する事項について、規則を定める権限を有する（憲法第77条第1項）。これは、規則制定権といわれ、最高裁判所が司法権の組織と運営に関する統制的権限（司法行政に関する権限）を有することの根拠となるもので、これによって、裁判所の独立と自主性が保障されている。また、内閣が行う下級裁判所の裁判官の任命は、最高裁判所が指名した者の名簿によって行われる（憲法第80条第1項）。

さらに、最高裁判所には、法律によって与えられた司法行政に関する権限

として、裁判官以外の裁判所職員の任命権（裁判所法第64条）、裁判所の経費について予算を作成する権限（同法83条）、司法行政の監督権（同法第80条）がある。

5 下級裁判所の構成と権限

1　高等裁判所
　各高等裁判所は、高等裁判所長官および相応な員数の判事で構成される（裁判所法第15条）。主として、控訴事件と抗告事件の裁判権を有し、例外的に一部の上告事件と第一審の事件を担当する（同法第16条）。
　原則として、三人の裁判官による合議体で裁判する（同法第18条）。

2　地方裁判所
　各地方裁判所は、相応な員数の判事とおよび判事補で構成される（同法第23条）。原則として、第一審事件の裁判権を有し（同法第24条）、単独制と合議制がある（同法第26条）。

3　家庭裁判所
　各家庭裁判所は、相応な員数の判事および判事補で構成される（同法第32条の2）。少年法で定める少年の保護事件の審判、家事審判法で定める家庭に関する事件の審判および調停等の権限を有する（同法第31条の3）。
　原則として、単独制である（同法第31条の4）。

4　簡易裁判所
　各簡易裁判所に相応な員数の簡易裁判所判事が置かれる（同法第32条）。軽微な事件の第一審の裁判権を有し（同法第33条）、単独制である（同法第35条）。

【模擬問題⑫】

次の記述のうち、最高裁判所の権能に属さないものはどれか。
(1) 一般裁判権
(2) 規則制定権
(3) 違憲審査権
(4) 司法行政権
(5) 下級裁判所裁判官の任命権

【模擬問題⑭】

裁判所の組織・権能に関する次の記述のうち、誤っているものはどれか。
(1) 最高裁判所長官は、内閣の指名に基づいて天皇が任命し、その他の裁判官は、内閣が任命し、天皇が認証する。
(2) 最高裁判所は、司法権の最高機関として、終審裁判所としての権限のほか、司法行政についての監督権を有する。
(3) 裁判所の独立と自主性を保障するため、最高裁判所には、規則制定権が与えられている。
(4) 下級裁判所は、高等裁判所、地方裁判所および家庭裁判所から構成されている。
(5) 下級裁判所の裁判官は、最高裁判所の指名した者の名簿によって、内閣が任命する。

〔3〕 司法権の独立

1 司法権の独立の意義

　司法権の独立とは、裁判が厳正、かつ、公正に行われること、すなわち、裁判官が個々の具体的な訴訟事件の裁判を行うにあたって、立法権（国会）、行政権（内閣）などの他の国家機関や政党、労働組合、宗教団体その他マスコミなどの政治的、社会的諸勢力からの干渉だけでなく、同じ司法部内からの介入をも一切許さないことを意味する。

　憲法も、この点について、「すべて裁判官は、その良心に従い独立して職権を行い、この憲法および法律にのみ拘束される。」（第76条第3項）と定め、司法権の独立を憲法上保障している。ここにいう「良心」とは、裁判官としての客観的な良心をいい、裁判官個人としての主観的な価値観、人生観などに基づく良心を意味しない。また、裁判官が拘束される「法律」には形式的な意味の法律だけではなく、命令、規則、地方公共団体の条例その他の一切の成文法のほか、慣習法や判例法などの実質的な意味の法律も含まれる。

　個々の具体的な訴訟事件については、上級の裁判所であっても、また、事件を担当する裁判官の属する裁判所の長その他の裁判官であっても、裁判に関する指示、命令などをすることは許されず、事件担当の裁判官自らの判断のみによって裁判をしなければならない。なお、裁判所は、裁判官に対し司法行政上の監督権を行使することができるが、裁判官の裁判権に影響を及ぼしたり、これを制限することは許されない（裁判所法第80条、第81条）

2 裁判官の身分保障

　裁判官の独立は、裁判官の身分保障と不可分の関係にあり、裁判官の身分が保障されることによって、はじめて裁判官の独立が維持される。

このため、憲法は、「裁判官は、裁判により、心身の故障のために職務を執ることができないと決定された場合を除いては、公の弾劾によらなければ罷免されない。裁判官の懲戒処分は、行政機関がこれを行うことはできない。」（第78条）と定めるとともに、裁判所法も、「裁判官は、公の弾劾または国民の審査に関する法律による場合および別に定めるところにより心身の故障のために職務を執ることができないと裁判された場合を除いては、その意に反して、免官、転官、転所、職務の停止または報酬の減額をされることはない。」（第48条）と規定し、裁判官の罷免、懲戒等について特別の制限を設け、裁判官の身分を保障している。

1　裁判官の罷免

裁判官がその意に反して罷免されるのは、次の三つの場合に限定される。

(1)　執務不能の裁判を受けた場合

裁判官分限法第1条により、心身の故障のために職務を執ることができないと裁判された場合である。

(2)　弾劾裁判所で罷免の裁判を受けた場合

弾劾による罷免の事由は、①職務上の義務に著しく違反し、または職務を甚だしく怠ったとき、②その他職務の内外を問わず、裁判官としての威信を著しく失うべき非行があったときの二つに限定され（裁判官弾劾法第2条）、裁判官の裁判が不当であることは罷免の理由とならない。

(3)　国民審査による場合

最高裁判所の裁判官については、特に国民審査の制度が認められており、国民審査の結果、罷免を可とする投票が、罷免を非とする投票よりも多数の場合は、その裁判官は罷免される（憲法第79条第2項、第3項）。なお、国民審査に関する事項を定めた法律として、最高裁判所裁判官国民審査法がある。

2　裁判官の懲戒処分

行政機関は、裁判官に対し懲戒処分を行うことはできないことになってい

る（憲法第78条）。その趣旨は、裁判官に対する行政機関の不当な圧力（圧迫）を排除し、裁判官の職権の独立を守ることにある。裁判官が、職務上の義務に違反し、もしくは職務を怠り、または品位をはずかしめる行状があったときは（裁判所法第49条）、裁判所の分限裁判によって懲戒されることになっている（裁判官分限法第3条）。なお、裁判官の憲法上の身分保障のため、懲戒処分によっては、罷免、報酬の減額等はできず、単に戒告または1万円以下の過料を科すことができるにすぎない（裁判官分限法第2条）。

3　裁判官の報酬等

　最高裁判所の裁判官であると下級裁判所の裁判官であるとを問わず、すべての裁判官は、定期に相当額の報酬を受け、この報酬は、在任中減額されることはない（憲法第79条第6項、第80条第2項）。これも、報酬を保障することによって裁判官の身分を保障しようとするものである。

4　裁判官の任期・定年制

　裁判官の任期制および定年制も裁判官の身分保障のための制度である。

(1)　裁判官の任期

　下級裁判所の裁判官は、「任期を10年とし、再任されることができる。」と定められている（憲法第80条第1項）。ここにいう「再任される」とは、裁判官が、再任を希望する限り、原則として再任されるという意味である。明治憲法のもとでは、裁判官は終身官とされていたが、このような制度は、身分の保障になれて独善的になるおそれがあるとして、日本国憲法は、任期制を採用している。

(2)　裁判官の定年

　憲法は裁判官の定年制を定め、最高裁判所ならびに下級裁判所の裁判官は、法律の定める年齢に達したときに退官するものと定め（第79条第5項、第80条第1項ただし書）、これを受けて裁判所法は、最高裁判所ならびに簡易裁判所の裁判官については70才、高等裁判所、地方裁判所および家庭裁判所の裁判官については65才としている（第50条）。

【模擬問題⑮】

裁判官の職権の独立に関する次の記述のうち、誤っているものはどれか。

(1) 裁判官は、その職務を行使するにあたっては、良心に従って自主的に判断し、公平無私の態度で裁判をしなければならない。
(2) 良心というのは、裁判官個人の主観的な人生観などではなく、裁判官としての客観的な良心を意味する。
(3) 職務上裁判官を拘束するものは、憲法、法律、命令、規則、条例等の一切の成文法と慣習法、判例法のみである。
(4) 裁判官は、その職務を行使するにあたって、完全に独立で、何人の指揮、命令を受けない。
(5) 司法行政上の監督権は、裁判官には及ばない。

【模擬問題⑯】

次の記述のうち、裁判官を罷免する事由となっていないものはどれか。

(1) 最高裁判所裁判官の国民審査で、罷免を可とする投票が、罷免を非とする投票よりも多数あった場合
(2) 裁判官が職務上の義務に著しく違反した場合
(3) 心身の故障のため職務を執ることができないと決定された場合
(4) 裁判官としての品位をはずかしめる行状があった場合
(5) 職務の内外を問わず、裁判官としての威信を著しく失う非行があった場合

【模擬問題⑫⑦】
　裁判官の身分保障に関する次の記述のうち、誤っているものはどれか。
(1)　行政機関は、裁判官に対し懲戒処分を行うことはできない。
(2)　裁判官に対する懲戒処分は、裁判所の分限裁判によって行われる。
(3)　懲戒処分によって裁判官を罷免することはできないが、報酬を減額することは可能である。
(4)　裁判官の報酬は、在任中減額されることはない。
(5)　裁判官の独立は、裁判官の身分保障と不可分の関係にある。

〔4〕 違憲立法審査権

1 違憲立法審査権の意義

　違憲立法審査権とは、裁判所が裁判を行うにあたって、適用する法令が憲法に適合しているかどうかを審査し、憲法に適合していないと認めた場合に、その法令の適用を拒否できる権限をいい、違憲審査権、あるいは法令審査権ともいう。

　憲法は、「最高裁判所は、一切の法律、命令、規則または処分が憲法に適合するかしないかを決定する権限を有する終審裁判所である。」と規定し（第81条）、最高裁判所が違憲立法審査権を有する終審裁判所であることを認めている。

　違憲立法審査権は、命令、規則、処分はもちろん国権の最高機関である国会の制定する法律にも及ぶが、国会の制定する法律は、国民の意思に基づくものであり、これを国民の公選によらない裁判所の審査に服させることは、裁判所が国会に優越することを意味し、「司法権の優越」といわれる。

　違憲立法審査権は、明治憲法では認められておらず、裁判所は、法律の制定手続や公布手続が適法であったか否かについての形式的審査権を有するにすぎなかった。

2 違憲立法審査権の趣旨（理論的根拠）

　違憲立法審査権が裁判所に与えられている趣旨については、次の三点に求められる。
① 　憲法の最高法規性に照らし、これに反する法令等は当然に無効とされるべきであること。
② 　三権分立の原則に基づき、憲法の解釈・適用については、立法機関に対

する司法機関の自主独立性を認めるべきであること。
③ 憲法の保障する国民の権利・自由を違憲の法令等による侵害（立法府と行政府の専断）から防止することは、司法権の本質的な任務の一つであること。

3 審査権の主体

最高裁判所は、違憲立法審査権を有する終審裁判所である（憲法第81条）。したがって、解釈上、下級裁判所も、前審としてこのような審査権を有することになる。また、法令等の合憲性の審査は、裁判権の行使として行われるものであるから、裁判権を有する下級裁判所も、理論上当然に審査権を有することになる。

4 審査の対象

違憲立法審査権の対象となるものは、「一切の法律、命令、規則または処分」（憲法第81条）である。「法律」とは、形式的意味の法律、つまり国会の議決によって制定され、特に法律と呼ばれている法形式をいう。裁判所の審査対象として最も重要な意味をもっている。「命令」と「規則」の区別については必ずしも明らかではないが、「命令」とは、広い意味では立法機関以外の国家機関による立法の形式（政令、省令等）をいう。したがって、「規則」も広義の「命令」に含まれることになるが、憲法は、みずから特別の法形式として認めている議院規則、最高裁判所規則などに着目して特に「規則」を掲げたものと解されている。条例も審査の対象となる。「処分」には、行政機関による処分ばかりではなく、立法機関による処分や司法機関による処分（裁判所の判決など）も含まれる。ただし、立法機関による処分のうち、議員の除名処分のような政治的意味をもったものは、その性質上、審査の対象

から除外される。条約については、憲法上審査の対象として列挙されていないうえ（憲法第81条）、国家間の合意という特質をもち、しかも、極めて政治的な内容を含むことが多いことから、裁判所の審査の対象とするには適さない。したがって、形式的な締結手続の審査の場合は別として、その実質的な審査については、一見極めて明白に違憲無効と認められない限りは、裁判所の司法審査の対象外と解されている（いわゆる砂川事件に対する最高裁昭和34年12月16日判決）。

5 違憲判決の効力

　ある法令が憲法に違反するとして最高裁判所の違憲判決を受けた場合、その法令の効力がどうなるかについては、一般的効力説（違憲とされた法令を一般的に無効とする）と個別的効力説（違憲とされた法令は、当該訴訟事件に関する限り無効として適用されない）があるが、個別的効力説が通説・判例の立場である。その理由は、次のとおりである。

① 　審査権は、裁判所が具体的訴訟事件を解決するために、その前提として認められたものであるから、その効果も当該事件に限られるべきで、他の事件まで一般的に及ぶものではない。

② 　法令自体の改廃は、立法者が行うべきもので裁判所が行うべきものではない。すなわち違憲判決を受けた法令を一般的に無効とすることは、消極的な立法作用にほかならず、立法権に対する司法権の限界を超えるものである。

③ 　個別的効力説は不徹底であるとの批判があるが、ある法令について一度違憲の判決があれば、同様の事件は、以後同じように取り扱われるので、結局、立法者も法令を改廃することにならざるを得ない。

6 法令の違憲性を審理する手続

　法令の違憲性を最終的に審理する手続は、原則として、最高裁判所の大法廷で行われ、法令が憲法に適合しないという裁判をするには、8人以上の裁判官の意見が一致することが必要である。

【模擬問題⑫】

　違憲立法審査権に関する次の記述のうち、正しいものはどれか。
(1)　違憲立法審査権は、最高裁判所の専管権限である。
(2)　違憲立法審査権の対象は、法律、命令、規則に限られる。処分は含まれない。
(3)　下級裁判所には違憲立法審査権がない。
(4)　条約は、国家間の合意という特殊な性質上、一般に違憲立法審査権の対象とならない。
(5)　違憲判決を受けた法令は、以後無効となる。

【模擬問題⑫】

　違憲立法審査権に関する次の記述のうち、誤っているものはどれか。
(1)　違憲立法審査権を行使できるためには、具体的な訴訟事件が存在していることが必要である。
(2)　条例も違憲立法審査権の審査の対象となる。
(3)　立法機関の専横から国民の基本的人権を守ることが裁判所に違憲立法審査権が認められた理由の一つである。
(4)　違憲の判決を受けた法令は、当該訴訟事件に関してのみその効力を失う。
(5)　違憲立法審査権は、具体的な訴訟事件とは関係なく、法令そのもの

の合憲性を一般的に審査することができる。

【模擬問題⑬⓪】

次の記述のうち、裁判所の違憲立法審査権の対象とならないものはどれか。

(1)　地方公共団体の条例
(2)　国会の議決によって制定された法律
(3)　衆議院・参議院の議院規則
(4)　立法機関による議員の除名処分
(5)　内閣や各省庁が制定する政令および省令

【模擬問題(131)】

違憲立法審査権に関する次の記述のうち、誤っているものはどれか。

(1)　最高裁判所が違憲問題を審査するときは、大法廷で審理し、８人以上の裁判官の意見の一致が必要である。
(2)　審査の対象は、一切の法律、命令、規則または処分である。
(3)　違憲立法審査権は、日本国憲法により最高裁判所のみが権限を有しており、下級裁判所にはその権限がない。
(4)　条約は、国家間の合意という特殊な性質をもち、また、憲法第81条の列挙の中にないことから、一般に違憲立法審査権の対象とはならない。
(5)　違憲判決の効力は、当該事件に限られ、法令そのものを一般的に無効とすることはできない。

【模擬問題⑬】
　違憲立法審査権に関する次の記述のうち、正しいものはどれか。
(1)　違憲立法審査権の対象には、裁判所の判決および地方公共団体の条例・規則も含まれる。
(2)　下級裁判所には、違憲立法審査権がない。
(3)　最高裁判所において違憲の判決を受けた法令は、当然に無効となり、自動的に廃止される。
(4)　下級裁判所は、具体的な事件がない限り違憲立法審査権を有しないが、最高裁判所は、具体的な事件がなくても審査を行うことができる。
(5)　議院規則には、裁判所の違憲立法審査権が及ばない。

【模擬問題⑬】
　違憲立法審査権に関する次の記述のうち、誤っているものはどれか。
(1)　違憲立法審査権とは、裁判所が裁判を行うにあたって、適用する法令が憲法に適合しているかどうかを審査し、憲法に適合していないと認めた場合に、その法令の適用を拒否できる権限をいう。
(2)　違憲立法審査権は、下級裁判所にも認められている。
(3)　裁判所が国会の制定した法律について、審査権をもっているということは、裁判所が国会に対して優越することを意味している。
(4)　明治憲法のもとでは、違憲立法審査権は認められていなかった。
(5)　明治憲法上、裁判所は、法律の制定手続や公布手続が適法であったか否かについて審査する権限をもっていなかった。

〔5〕 裁判の公開

　裁判を公開し、直接国民の監視のもとに置くことは、裁判の公正さと裁判に対する信頼を確保するうえで重要なことである。
　このため、憲法は、「裁判の対審および判決は、公開法廷でこれを行う。」とし、裁判公開の原則を定めている（第82条１項）。
　対審とは、裁判官の前で行われる事件の審理および原告と被告との弁論をいい、民事訴訟における口頭弁論手続および刑事訴訟における公判手続がこれにあたる。判決とは、事件についての裁判官の判定をいい、公開とは、一般の傍聴を許すことである。ただし、設備の関係から傍聴人の数を制限し、また、法廷の秩序を維持するために特定の者の退廷を命じたり、入場を禁じたりすることは公開の原則に反しない。
　判決は、必ず公開の法廷で行わなければならないが、判決に至るまでの裁判の評議は公開しない。
　公開の原則の例外として、対審については、裁判官の全員一致で、公の秩序または善良の風俗を害するおそれがあると決した場合には、公開しないでこれを行うことができる。ただし、政治犯、出版に関する犯罪または憲法第３章で保障する国民の権利が問題となっている事件の対審については、常にこれを公開しなければならない（憲法第82条第２項）。

【模擬問題⑭】
　裁判の公開の原則に関する次の記述のうち、誤っているものはどれか。
(1) 公開とは、一般の傍聴を許すことであるが、設備などの関係で傍聴人の数を制限することは、公開の原則に反しない。
(2) 法定の秩序を維持するために、特定の者の退廷を命じたり、入場を禁じたりすることは、公開の原則に反しない。
(3) 判決は、必ず公開の法廷で行わなければならない。

(4) 裁判官の全員一致で、公の秩序または善良の風俗を害するおそれがあると決したときは、すべての場合公開しないで裁判を行うことができる。

(5) 裁判の公開は、裁判の公正を保ち、裁判に対する国民の信頼を得るための制度である。

第8部

財政制度

1 財政処理の基本原則

　憲法第83条は、「国の財政を処理する権限は、国会の議決に基づいて、これを行使しなければならない。」と規定し、財政処理の基本原則を定めている。「財政」とは、国家が国家として存続し、活動するために必要な財源を調達し、財産を管理し、経費を支出することである。その財源となるものには、租税の収入のほか、公債の発行による収入などいろいろのものがあるが、結局、国家の構成員である国民が負担しなければならないことから、国の財政処理は、国民の利害に直接影響を与えることになる。したがって、国が財政の処理（租税の賦課、財産管理・支出など）をするにあたっては、国民の代表機関である国会の議決によらなければならないことは、民主主義の原則から当然のことであるとされている。

　「国会の議決」には、一般的、抽象的な基準を定めるもの（たとえば、税法その他財政上の各種の原則や方針を定める法律の制定）と具体的、個別的な内容を定めるもの（たとえば、国の個々の債務を負担する行為についての議決）とがある。

　日本国憲法は、財政処理の基本原則を具体化した国会の権限として、租税法律主義（憲法第84条）、国費の支出および国の債務負担についての議決（憲法第85条）、予算の議決（憲法第86条、第73条第5号）、予備費の議決および予備費の支出の承諾（憲法第87条第1項・第2項）、決算の審査（憲法第90条第1項）、財政状況の報告の受理（憲法第91条）について定めている。

2 財務に対する国会の権限

1　租税法律主義

　憲法第84条は、「あらたに租税を課し、または現行の租税を変更するには、法律または法律の定める条件によることを必要とする。」と規定する。租税

の賦課・変更については、すべて国会の議決によらなければならないという趣旨である。このような原則を、一般に租税法律主義という。

「租税」とは、国または地方公共団体が、公の経費にあてるため、国民から一般的標準によって強制的に賦課徴収する金銭をいう。これが本来的な租税の意味であるが、憲法第84条の趣旨からすれば、強制的に賦課徴収する性質をもつものは、すべて租税法律主義の適用を受ける。したがって、公の営造物の使用料やたばこなどの専売価格などについても法律または国会の議決に基づいて定めなければならないことになっている（財政法第3条等）。

租税法律主義は、法律によって租税が定められたならば、それが法律の改正によって変更されるまで継続して効力を有し、毎年引き続き賦課徴収することができることを意味する。すなわち、租税法律主義は、永久税主義を原則とする。ただし、例外的に、法律で一年税主義によって租税を定めることは禁止されていない。

租税法律主義は、租税の賦課徴収は法律によらなければならないことを意味するが、これには地方税と関税の二つの例外がある。

地方税の課税権の根拠は、法律の定めるところであるが（地方自治法第223条）、その税率などについては、各地方公共団体の条例に委ねられている（地方税法第3条第1項）。地方税の賦課については、法律によってすべての地方公共団体に等しく適用される定めをすることは不可能であり、各地方の事情に応じて定めることのほうがより合理的、合目的的であり、地方自治の本旨に沿うからであると解されている。

関税についても、法律によって定めるのが原則であるが（関税法、関税定率法）、条約の中に関税についての特別の規定があるときは、その条約の規定によって定められる（関税法第3条ただし書）。そのほうが、関税の特殊性や外交関係の維持という要請に合致するからである。憲法第84条にいう「法律の定める条件による」とは、このような条例や条約への委任を法律で定めることができることを意味している。

2　国費の支出および国の債務負担についての議決

　憲法第85条は、「国費を支出し、または国が債務を負担するには、国会の議決に基づくことを必要とする。」と規定する。これは、財務処理の基本原則（憲法第83条）から派生する原則で、国費の支出の面について具体化したものである。

(1)　**国費の支出**

　国費の支出には国会の議決を必要とするが、「国費の支出」とは、国の各般の需要を充たすための現金の支払をいう。国費の支出に対する国会の議決は、法律の形式ではなく、予算の形式で行われる。

　この議決は、国費の支出自体に関する議決であり、支出を必要とする行為の根拠となるものではない。支出を要する行為をするについては、別にそれぞれについて法律の根拠を必要とする。また、法律が国費の支出を必要とする行為を定めている場合であっても、その支出が議決されなければ、内閣はその行為をなすことができない。

(2)　**国の債務負担**

　国の債務負担行為についても国会の議決を必要とする。

　国の債務負担は、結局は、国の支出をともなうことになるからである。「国の債務負担行為」とは、国が公の経費を調達するために負担する債務をいい、公債の発行、一時借入金、外国人の傭人契約、各種の補助契約、土地建物賃借契約などがこれにあたる。

　国の債務負担に関する国会の議決の形式については、憲法には特別の規定はないが、財政法の定めるところにより、法律の議決による方法、予算の一部をなす国庫債務負担行為として議決を得る方法、予算の一部をなす継続費として議決を得る方法および条約により国が経費を支出する義務を負う場合には、その条約の締結について承認を得る方法がある（財政法第15条、第16条、第22条）。

3 予算の議決

憲法第86条は、「内閣は、毎会計年度の予算を作成し、国会に提出して、その審議を受け議決を経なければならない。」と規定する。「予算」とは、一会計年度における国の財政行為の準則であり、主として歳入歳出の予定準則を内容とし、国会の議決を経て定立される国法の一形式である。予算の発案権は、内閣のみに専属する。予算は、先に衆議院に提出しなければならず（憲法第60条第1項）、また、その議決については衆議院の優越が認められている（憲法第60条第2項）。

(1) 予算の審議

国会における予算の審議で問題となるのは、予算修正の限界である。まず、予算の減額修正については、財政に関する国会中心主義の原則から、これを認める見解が通説である、増額修正については、新たな予算の発案とみなされ、国会には予算の発案権がない以上、増額修正はできないとする説もあるが、財政に関する国会中心主義のほか、国会法第57条ただし書、第57条の3、財政法第19条などには、国会に増額修正権があることを前提とする規定があるので、増額修正も可能であると解されている。ただし、内閣に専属している予算の作成・提出権を侵害するような増額修正、すなわち、国会自らがその財源を確保できないような増額修正は認められず、したがって増額修正にも一定の限界がある。

予算が新会計年度開始前に成立しない場合には、内閣は、必要に応じ、一会計年度のうちの一定期間に係る暫定予算を作成し、これを国会に提出することができることになっている（財政法第30条第1項）。この暫定予算は、応急的に期間を区切って作成し、国会の議決によって暫定的に効力を与えられた予算であるから、後に正規の予算が成立したときに失効する。

4 予備費の議決および予備費支出の承諾

憲法第87条は、「予見し難い予算の不足に宛てるため、国会の議決に基づいて予備費を設け、内閣の責任でこれを支出することができる。すべて予

備費の支出については、内閣は、事後に国会の承諾を得なければならない。」と規定する。

　国費の支出は、すべて国会の議決を経て、予算に基づいて行われなければならないが、予算は、一会計年度の歳入歳出の見積りであるから、実際に予算を執行する場合には、予見し難い事情のため、予算の見積りを超過した支出（予算超過支出）や新たな目的のための支出（（予算外支出）の必要が生ずることがあるのは、免がれがたい。このような場合に対処するため、追加予算や補正予算（予算の修正）制度があるが（財政法第29条）、憲法は、更に予備費の制度を認めている。予備は、予算の中に設けられるが、その性質上、単に支出の最高限度を定めるにとどまり、支出の目的は定められていない。予備費の議決は、予見し難い支出を必要とする場合に内閣が一定の金額の限度内で支出することを、支出目的を定めないまま、事前に承認することであるから、国会による統制を完全なものとするために、予備費の支出後、初めての常会において国会の事後承認を要するとしている（財政法第36条第3項）。事後の承諾が得られない場合は、内閣の政治的責任が生ずるとしても、予備費支出の法的効力には影響がない。予備費の支出自体については事前の議決がなされているからである。

5　決算の審査

　憲法第90条第1項は、「国の収入支出の決算は、すべて毎年会計検査院がこれを検査し、内閣は、次の年度に、その検査報告とともに、これを国会に提出しなければならない。」と規定する。「決算」とは、一会計年度における国の現実の収入支出を計数で表示したものをいい、決算の審査は、国の現実の収入支出が適法、かつ適正に執行されたかどうかについて審査するもので、予算執行の事後的監督を目的とする。

　決算審査の第一段階は、会計検査院によって行われる。

　決算は、財務大臣が作成し、閣議によって成立したのち、内閣がこれを会計検査院に送付する。会計検査院は、国の収入支出のすべてについて決算検

査を行う。

　決算審査の第二段階は、国会の審査である。内閣は、次の会計年度に、会計報告とともに、決算を国会に提出しなければならない。国会における審査は、会計検査院における審査が法的見地から決算内容の合法性と的確性とを検討し、確認するために行われる審査であるのに対し、政治的見地から決算内容を批判し、予算執行責任者である内閣の政治的責任を追及するために行われる。決算は、内閣から両議院に同時に提出され、これに対して両議院は審議の結果、独立・別個に意見を決定する。しかし、国会の審査の結果いかんは、すでになされた国の収入支出の法的効力に影響を及ぼさない。なお、国会における決算の審議が、その会期中に終了しなかった場合には、継続審議となる。

※　**会計検査院**

　日本国憲法は、国の収入支出の決算を検査・確認し、国の会計一般の監督にあたる機関として、会計検査院を設置すべきことを定めている（第90条）。

　会計検査院は、一種の行政機関であるが、内閣に対して独立の地位に立ち、検査官の身分が保障され、自ら会計検査院規則を制定する権限が与えられている。また、その予算については、国会や裁判所のそれとともに、ある程度の独立性が認められている。

　会計検査院は、3人の検査官で構成する検査官会議と事務総局によって組織され、検査官は、国会の同意を経て、内閣が任命し、天皇がこれを認証する。会計検査院の長は、検査官のうちから互選された者について、内閣がこれを任命する。院長は、、検査院を代表し、検査官会議の議長となるが、会議における権限は他の検査官と同等である。検査官の任期は7年で、65歳で定年退官する。また、検査官は、特にその身分が保障され、原則として、その意に反してその官を失うことがない。

　会計検査院は、国の収入支出の決算を検査・確認し、そのため、常時国の会計一般の検査を行い、その経理を監督する。

6　財政状況の報告の受理

憲法第91条は、「内閣は、国会および国民に対し、定期に、少なくとも毎年一回、国の財政状況について報告しなければならない。」と規定する。

国の財政は、国民の生活に深い関係を有することから、財政状況を国会および国民に公開して国政批判の資料を提供しなければならないという趣旨である。

内閣は、予算が成立したときは、直ちに予算、前前年度の歳入歳出決算ならびに公債、借入金および国有財産の現在高その他財政に関する一般の事項について、印刷物、講演その他適当な方法で国民に報告しなければならない（財政法第46条第1項）。このほか、内閣は、少なくとも毎四半期ごとに、予算使用の状況、国庫の状況その他財政の状況について、国会および国民に報告しなければならないことになっている（同条第2項）。

3　公金支出の制限

憲法第89条は、「公金その他の公の財産は、宗教上の組織もしくは団体の使用、便益もしくは維持のため、または公の支配に属しない慈善、教育もしくは博愛の事業に対し、これを支出しまたはその利用に供してはならない。」と規定する。この規定は、国家権力が公金の支出または公の財産の供用を手段として信教の自由を侵害し、あるいは慈善・博愛・教育事業の独自性を侵害する危険を防止し、あわせて、特に公の支配に属しない慈善・博愛・教育事業についての公金の濫費を防止することを目的としている。

前段の規定は、宗教上の組織や団体への公金の支出を禁止することによって、憲法第20条に定める政教分離の原則を財政面から保障しようとするものである。

なお、地鎮祭に対する公金の支出について、地鎮祭そのものは宗教的性質を帯びているとしても、習俗的行事としての性格をもっており、特定の宗教

団体に特権を与えるものでないことを理由に憲法第89条に違反しないとされている（最高裁昭和52年7月13日判決）。

また、文化財保護の目的で、寺社の建築物、仏像等の維持保全に補助金等の名目で公金を支出することも、特定の宗教のみを対象としていないので、憲法第89条に違反しないと解されている。

後段の規定は、公の支配に属しない慈善・博愛・教育の事業に対する公金の支出および公の財産の利用に供することを禁止しているが、ここにいう「公の支配」に属する事業とは、国または地方公共団体によって経営され、またはその指導監督によって組織や運営が決定的な支配を受ける事業に限らず、国または地方公共団体が何らかの監督を行っていれば、公の支配に属する事業にあたると解されている。ちなみに、私立学校を経営する学校法人に補助金を支出する旨を定めている私立学校法が、憲法第89条に違反しないとされているのは、このような理由による。

【模擬問題⑬】
　租税法律主義に関する次の記述のうち、妥当と思われるものはどれか。
(1)　法律で一年税主義を定めることは許される。
(2)　租税法律主義は、所得税などの租税について定めたもので、国の独占事業における専売価格や事業料金には適用されない。
(3)　たとえ法律による委任があっても、政令で関税の増減や免除について定めることは許されない。
(4)　たとえ国会の承認を経るとしても、条約で関税の協定税率を定めることは許されない。
(5)　地方公共団体は、法律の委任の有無にかかわらず、条例で独自の租税を定めることはできない。

第8部　財政制度

【模擬問題⑬】

予算に関する次の記述のうち、誤っているものはどれか。
(1) 国費の支出は、すべて国会の議決による承認を必要とする。
(2) 国費の支出とは、国の各般の需要を充たすための現金の支払いをいう。
(3) 予備費の支出は予算の例外で、国会の議決や承認を必要としない。
(4) 歳入歳出は、すべて予算に編入しなければならない。
(5) 国費の支出に対する国会の議決は、予算の形式によってなされる。

【模擬問題⑬】

予備費に関する次の記述のうち、誤っているものはどれか。
(1) 国会の承諾は、次の常会において国会に提出し、その承諾を求めなければならない。
(2) すべての予備費の支出については、内閣は、事後に国会の承諾を得なければならない。
(3) 予備費は財務大臣が管理し、その責任において支出する。
(4) 予備費の支出は、予算によらない支出である。
(5) 予備費は歳入歳出予算の中に計上される。

【模擬問題⑬】

決算に関する次の記述のうち、誤っているものはどれか。
(1) 国会における決算の審議が、その会期中に終了しなかった場合には、継続審議となる。
(2) 国会の審査は、内閣から決算を両議院に同時に提出し、これに対し

て各議院で、独立・別個に意見を決定するにとどまる。
(3) 決算は、内閣から会計検査院に送付して、その検査を受ける。
(4) 決算は、会計検査院が検査し、国会に報告することによって終了する。
(5) 決算は、財務大臣が作成し、閣議によって決定・成立する。

【模擬問題⑲】
会計検査院に関する次の記述のうち、誤っているものはどれか。
(1) 会計検査院は、国の収入支出の決算を検査・確認し、国の会計一般の監督の任にあたる行政機関である。
(2) 会計検査院は、国の収入支出の決算を検査・確認し、そのため、常時、国の会計一般の検査を行い、その経理を監督する。
(3) 検査官は、国会の同意を経て内閣が任命し、天皇がこれを認証する。
(4) 会計検査院は、5人の検査官で構成する検査官会議と事務総局とをもって組織される。
(5) 院長は、会計検査院を代表し、検査官会議の議長となる。

第 9 部

地方自治

消防官のための
憲法入門
【消防昇任試験対策　模擬問題150問付】

第9部　地方自治

1 地方自治の基本原則

　憲法第92条は、「地方公共団体の組織および運営に関する事項は、地方自治の本旨に基づいて、法律でこれを定める。」と規定し、憲法上、地方自治を制度的に保障するとともに、地方自治に関する基本原則を定めている。

　地方自治は「住民自治」と「団体自治」という二つに原理から成り立っている。「住民自治」とは、地方行政が、中央政府その他の国家機関によってではなく、住民の意思によって行うべきものであるという民主主義的な考え方をいい、憲法第93条が、地方公共団体に議事機関として議会を設けること、その議会の議員・地方公共団体の長・法律で定めるその他の議員は、その住民が直接選挙することと定め、また、憲法第95条が、地方特別法の制定に、住民の過半数の同意を得ることを必要としていることなどは、住民自治の原理を具体化したものである。「団体自治」とは、地方行政が、地方自治体の機関により、自らの意思と責任において行われるべきものであるという考え方をいい、自由主義的・地方分権的な意味をもっている。憲法第94条が、地方公共団体に財産管理権、事務処理権、行政執行権および条例制定権を付与しているのは、団体自治の考え方を具体化したものである。「地方自治の本旨」とは、このような住民自治および団体自治の原理を尊重するということで、地方自治の基本原則を意味している。

　明治憲法のもとでは、地方自治に関する規定は全く存在せず、地方自治は、国の行政を遂行する一端として認められているにすぎなかった。

　このため、日本国憲法は、特に地方自治という名の1章を設け、地方自治を制度的に保障することになったのである。

　憲法によって保障されている地方自治権の本質的な性格がどのようなものであるかについては、①地方自治権を地方公共団体に固有なものであるとする考え方（固有権説）、②地方自治の制度は、国家によって承認または許容されるものであり、国の立法政策によって決まってくるものであるとする考

え方（承認説）および③地方自治の保障は、地方自治という歴史的、伝統的、理念的な公法上の制度を保障したものであるとみる考え方（制度的保障説）の三つの考え方があるが、③の制度的保障説が多数説となっている。

2 地方公共団体の意義・種類等

1　地方公共団体の意義

(1)　学問上の地方公共団体の意義

憲法第92条は、地方公共団体とは何かについて自らその種類と範囲を特に明らかにしていない。しかし、学問上は、一般に、「国の領土の一部を自己の区域（地域的要素）とし、中央政府から独立して一定の自治権（統治権＝支配権的要素）をもち、公共事務を遂行（存立目的的要素）する団体であると解されている。

(2)　憲法上の地方公共団体の意義

憲法は、歴史的な背景のもとに成立し、全国的に普遍的に存在する都道府県および市町村を前提として、その地方自治を制度的に保障したものと解されるから、憲法にいう地方公共団体とは、基本的、普遍的な普通地方公共団体である都道府県および市町村のみを指し、もっぱら政策的な見地から設けられている特別地方公共団体は含まれないとされている。

(3)　判例上の地方公共団体の意義

最高裁判所は、昭和27年の地方自治法の改正により、特別区の区長公選制を廃止し、選任制としたことが、憲法第93条第2項に違反するのではないかとして争われた事件について、「地方公共団体といい得るためには、単に法律で地方公共団体として取り扱われているということだけでは足らず、事実上住民が経済的文化的に密接な共同生活を営み、共同体意識をもっているという社会的基盤が存在し、沿革的にみても、また、現実の行政の上においても、相当程度の自主立法権、自主行政権、自主財政権等地方自治の基本的権能を

付与された地域団体であることを必要とするものというべきである……」と判示したうえで、「東京都の特別区についてこれをみるに、区は、明治11年郡区町村編制法施行以来地方公共団体としての長い歴史と伝統を有するものではあるが、未だ市町村のごとき完全な自治体としての地位を有していたことはなく、そうした機能を果たしたこともなかった。」として、特別区は、憲法上の地方公共団体ではなく、したがって、特別区の区長公選制を廃止したことは違憲でないとしている（最判昭和38年3月27日刑集17巻2号121頁）。もっとも、特別区の区長公選制は、昭和49年の地方自治法の改正により復活し現在に至っている。

2　地方公共団体の種類

一方、地方自治法は、地方公共団体を普通地方公共団体と特別地方公共団体に区分し、前者に属するものとして、市町村と都道府県をあげ、後者に属するものとして、特別区、地方公共団体の組合、財産区および地方開発事業団を定めている（第1条の3）。

なお、地方自治法は、都道府県と市町村との関係について、市町村を「基礎的な地方公共団体」とし（第2条第3項）、都道府県を「市町村を包括する広域の地方公共団体」としている（同条第5項）。

3　都道府県や市町村の統合・合併と道州制採用の可否

憲法が地方公共団体の種類と範囲を定めていないからといって、法律によって現在の都道府県や市町村のすべてを廃止し、全く別の団体を自由に定めることは許されない。しかし、憲法第92条の趣旨は、地方自治を制度的に保障し、住民自治と団体自治の原理を尊重して、地方公共団体の組織および運営に関する事項を法律で定めるとした点にあるのであるから、産業、交通、通信の発達、人口移動、大都市圏の拡大、社会生活の多様化などの社会的、経済的諸条件の変容に伴い、地域的共同体の態様が変化していることが認められている以上、数個の都道府県や市町村の統合や合併はもとより、将来、現行の都道府県を廃止して、より広域の道州制を導入することは、憲法第93

条以下の地方公共団体に関する基本要件を充足するものである限り不可能ではないと解される。

3 地方公共団体の組織

　憲法第93条は、「地方公共団体には、法律の定めるところにより、その議事機関として議会を設置する。地方公共団体の長、その議会の議員および法律の定めるその他の吏員は、その地方公共団体の住民が、直接これを選挙する。」と規定する。このように、地方公共団体には、議事機関として「議会」、最高の執行機関として「長（都道府県知事・市町村長）」が置かれ、住民自治の原理により、長、議会の議員、法律で定めるその他の吏員は、その地方公共団体の住民による直接選挙で選任される。

　地方公共団体の議会は、国会と異なり、立法機関ではなく、「議事機関」とされているが、議会は、地方公共団体の自主法である条例を制定する機能をもっているから、その意味で立法機関としての性質を有する。それにもかかわらず議事機関と称されているのは、議会の機能が条例の制定だけではなく、広く地方公共団体の行政について住民の代表機関として様々の事項を審議し、議決する権能を有しているからである。国会も国民の代表機関として立法のほか、種々の権能を有するが、国の唯一の立法機関としての権能を重視し、立法機関と称されている。

　地方公共団体の長および議会の議員がいずれも住民の直接選挙によって選任されることから、国の議院内閣制と異なり、アメリカの大統領制的な仕組みとなっており、長と議会は、原則として、独立・対等な関係に置かれることになる。

　また、「法律で定めるその他の吏員」も住民の直接選挙によって選任され、かつては教育委員会の委員が直接選挙によって選任されていたが（旧教育委員会法第7条）、現在では、地方公共団体の長が議会の同意を得て任命する

ことになっている（地方教育行政の組織及び運営に関する法律第4条第1項）。

4 地方公共団体の権能

憲法第94条は、「地方公共団体は、その財産を管理し、事務を処理し、および行政を執行する権能を有し、法律の範囲内で条例を制定することができる。」と規定する。

この規定は、地方公共団体の自治行政権の内容を包括的に示すとともに、これを保障したものである。

憲法が地方公共団体の自治行政権、すなわち地方自治権として保障している権能は、財産の管理、事務の処理および行政の執行であるが、「財産の管理」とは、財産を取得、維持（保存）、利用（運用）および処分することをいい、「事務の処理」とは、公共事業などの非権力的な事務を行うことをいう。また、「行政の執行」とは、公権力の行使として、課税権、強制権、警察権の執行などの権力的な事務を行うことを意味すると解されている。

地方自治法によれば、地方公共団体は、「地域における事務およびその他の事務で法律またはこれに基づく政令により処理することとされるものを処理する。」（第2条第2項）とされ、その事務は、「自治事務」（第2条第8項）と「法定受託事務」（第2条第9項）に区分されている。法定受託事務は、「都道府県、市町村または特別区が処理することとされる事務のうち、国が本来果たすべき役割に係るものであって、国においてその適正な処理を特に確保する必要があるものとして法律またはこれに基づく政令に特に定めるものおよび市町村または特別区が処理することとされる事務のうち、都道府県が本来果たすべき役割に係るものであって、都道府県においてその適正な処理を特に確保する必要があるものとして法律またはこれに基づく政令に特に定めるものであり、自治事務は、公共団体が処理する事務のうち、法定受託事務

以外の事務をいう。

　地方自治法は、これらの事務に対して国の関与に差別を設け、法定受託事務については、主務大臣による是正の指示（第245条の7）、勧告、指示、命令の訴訟、代執行（第245条の8）を予定しているのに対し、自治事務については、助言等による関与にとどめている（第245条）。

5 条例

1　条例の意義

　地方公共団体は、法律の範囲内で条例を制定することができるが（憲法第94条）、ここにいう「条例」とは、地方公共団体がその自主立法権〈自治立法権〉に基づいて制定する自主法の総称で、地方公共団体が議会の議決によって制定する条例（狭義の条例）のほか、地方公共団体の長が制定する規則（地方自治法第15条）や行政委員会が制定する規則（同法第138条の4第2項）もここにいう条例に含まれる。行政委員会が制定する規則としては、教育委員会規則（地方教育行政の組織及び運営に関する法律第14条）・都道府県公安委員会規則（警察法第38条第5項）、人事委員会規則・公平委員会規則（地方公務員法第8条第5項）などがある。

2　条例により規制できる事項

　地方公共団体の条例制定権の根拠は、直接憲法によって与えられたものである（第94条）。したがって、地方公共団体の処理すべき事務に属する事項については、法律の委任をまつまでもなく制定することができる（地方自治法第14条第1項、第2条第2項）。ただし、法律が特に委任した事項については、地方公共団体の事務に属さない事項についても条例で定めることができる。

3　条例制定権の範囲

　地方公共団体の条例制定権の範囲は、その性質上、司法、防衛、貨幣、度

量衡、私法上の基本秩序に関する事務など日本の国土ないし国民全般に一律的に定められるべき事項については及ばない。

4　条例制定権の限界

　地方公共団体の条例制定権の根拠は、憲法第94条にあるから、条例の制定について個々の法律の委任を受ける必要はないが、その制定にあたっては、「法律の範囲内で」という制限があり、地方自治法は、これを受けてさらに制限の限界を「法令に違反しない限りにおいて」と定めている（地方自治法第14条第1項、第15条第1項、第138条の4第2項）。ここで「法令」とは、法律のほか政省令を指す。したがって、条例は、法律だけでなく、政省令の規定と矛盾、抵触する規定を設けることはできないことになる。例えば、消防法第9条の委任に基づく火災予防条例上の火気規制であっても、政令の基準に適合しない内容のものを制定することは許されない。

　条例による規制と法令による規制との関係は、次のとおりである。

① 　法律が一定の事項について、条例で制定することを委任している場合は、法律の範囲内であることは明らかである。

② 　法令によって規制されていない事項が、地方公共団体において処理すべき事務で、国の専管事項（司法、防衛など）でない限り、条例で規制することが可能である。

③ 　法令に規定されている事項と矛盾、抵触する条例の規定は、原則として無効である。ただし、法令の規制が、国として維持すべき必要最小限度のものであり、この規制を強化することを禁止していない趣旨と解される場合には、各地方公共団体がそれぞれの地方の実情に応じて、条例によって法令以上の規制をすることは、法令に違反しないものとして許される（例えば、条例によって公害規制法よりも厳しい基準を定めることなど）。近時の立法例は、公害規制の法律で、法律以上の基準を条例で定めることができる旨の明文規定を設けている。

④ 　既存の法令の執行を妨げるような条例を制定することは、法令に違反す

るものとして許されない（例えば、公害規制を緩和するような条例を制定する場合など）。
⑤　条例による規制と法令による規制の対象が同一であっても、規制の目的が異なる場合には、両者はもはや同一レベルの問題とはいえない。したがって、条例による規制が法令による規制よりも厳しいものであっても許される（例えば、狂犬病予防法の対象である飼犬に対して、地方公共団体は、迷惑防止の目的で飼犬取締条例を制定することが可能である）。
⑥　ある事項について、法令が統一的、画一的に定める必要はないとして規制しない趣旨であると解される場合には、それぞれの地方の実情に応じて条例でこれを規制することは、法令に違反しないものとして許される（例えば、集団示威行進〔デモ行進〕の許可制を定める公安条例など）。

5　条例と刑罰

刑罰は、法令によらなければ科することができず（憲法第31条）、また、政令も法律の委任がなければ罰則規定を設けることができないことになっている。(憲法第73条第6号ただし書)。これに対し、地方自治法は、「普通地方公共団体は、法令に特別の定めがあるものを除くほか、その条例中に、条例に違反した者に対し、2年以下の懲役もしくは禁錮、100万円以下の罰金、拘留、科料もしくは没収または5万円以下の過料を科す旨の規定を設けることができる。」(地方自治法第14条第3項)と規定していることから、その合憲性が問題となる。しかし、次の理由からこの規定の合憲性が認められている。

①　憲法第94条自らが、国の立法権の例外として、地方公共団体に条例制定権を認めていることから、憲法第31条についてもその例外として条例に罰則を設けることを認めていると解されること。
②　条例は、地方公共団体の行政を執行するためのものであるから、その実効を刑罰によって担保することも認めていると解されること。
③　地方自治法は、第14条第1項において条例の規定事項を定めたうえで、

同条第3項で限度を定め、条例に罰則を設けることを委任していること。
④　憲法第73条第6号ただし書が、政令自らが罰則を設けることを禁止しているのは、行政権によって刑罰を定めることを許さない趣旨であるが、条例は、住民から公選された議員をもって組織する地方議会の議決を経て制定される自治立法であり、行政府（内閣）の制定する政令や地方公共団体の長等が定める規則とは性質を異にし、むしろ国民から公選された国会議員をもって組織する国会の議決を経て制定される法律に類するものであること。

ちなみに、消防法第9条に基づく火災予防条例第23条第1項の喫煙・裸火等の禁止規定違反に対し、消防法自体に罰則の委任がなくても、地方自治法第14条第3項に基づき罰則を設けることは合法である。

6　条例と基本的人権の制限

国民の権利や自由を制限するには、国会が制定する法律によらなければならないが、憲法自らがその例外として地方公共団体に条例制定権を認めているのであるから（第94条）、条例が法律の範囲内のものである限り、条例によって住民の基本的人権や財産権を制限することは許される。

また、地方公共団体に条例制定権が認められている以上、条例による規制や内容が地方公共団体によって差異が生じ、罰則に不均衡な面が生じることがあるとしても、このような差異は、憲法自らが容認する範囲内のものと解され、その程度が憲法第14条の法の下の平等の原則を破るほどの不合理なものでない限り、憲法には違反しないものと解される。

【模擬問題⑭】

地方自治に関する次の記述のうち、誤っているものはどれか。

(1)　地方自治は、「住民自治」と「団体自治」の原理から成り立っている。
(2)　地方自治に関する規定は、明治憲法にも定められていた。
(3)　憲法第93条が、地方公共団体の長について、住民の直接選挙によっ

て選任されることを定めているのは、住民自治の原理を具体化したものである。
(4) 憲法第94条が、地方公共団体に財産管理権、事務処理権、行政執行権および条例制定権を与えているのは、団体自治の考え方を具体化したものである。
(5) 地方自治の本旨とは、住民自治と団体自治の原理を尊重することを意味し、地方自治の基本原則となっている。

【模擬問題⑭】
地方公共団体の条例に関する次の記述のうち、誤っているものはどれか。
(1) 憲法第94条にいう条例とは、地方公共団体がその自主立法権に基づいて制定する自主法の総称で、条例のほか、地方公共団体の長や行政委員会が制定する規則も含まれる。
(2) 地方公共団体の条例制定権は、直接憲法第94条によって与えられたものであるから、地方公共団体の処理すべき事務に属する事項については、別段法律の委任がなくても制定することができる。
(3) 法令によって何ら規制されていない事項については、地方公共団体の条例で規制することができる。
(4) 地方公共団体の条例制定権の規制範囲は、その性質上、司法や貨幣に関する事項など国民全般に一律的に定めなければならない事項には及ばない。
(5) 法令に規定されている事項と矛盾、抵触する条例の規定は、原則として無効であるが、法令の規制が国として維持すべき必要最小限度のものであり、この規制を強化することが禁止されていない趣旨と解される場合には、条例によって法令以上の規制をすることは、法令に違

反しないものとして許される。

【模擬問題⑭】
地方公共団体の機関・権能等に関する次の記述のうち、誤っているものはどれか。
(1) 地方公共団体の長、議会の議員その他法律の定める吏員は、その地方公共団体の住民が直接これを選挙する。
(2) 法律の定めるところにより、その議事機関として議会を設置する。
(3) 地方公共団体は、その財産を管理し、事務を処理し、行政を執行する権能を有する。
(4) 地方公共団体の長は、議会の不信任案の議決があった場合、辞職するか、または議会を解散しなければならない。
(5) 地方公共団体は、法律の範囲内において条例を制定することができる。

【模擬問題⑭】
条例制定の限界に関する次の記述のうち、誤っているものはどれか。
(1) 憲法上、地方公共団体の条例は、法律の範囲内で制定することができる。
(2) 「法律の範囲内」とは、「法令に違反しない限りにおいて」という意味である。
(3) 「法令」には、法律のほか、政・省令も含まれる。
(4) 消防法第9条が、火気規制について、火災予防条例で制定することを委任している場合、法律の範囲内であることは明らかである。
(5) 火災予防条例（例）第23条第1項の喫煙・裸火等の禁止規定違反に

対し、罰則を設けることは許されない。

第 10 部

憲法の改正および憲法の最高法規性

〔1〕 憲法の改正

1 憲法改正の意義

　憲法の改正とは、憲法の定める手続に従い、憲法典の条項の修正、削除または追加などを行うことにより、憲法を意識的に改変することをいう。日本国憲法は、その改正手続が極めて慎重、かつ困難な硬性憲法である。

2 憲法改正の手続

　憲法の改正は、①国会の発議、②国民の承認、③天皇の公布という手続をとおして行われる（憲法第96条）。

1　国会の発議

　憲法の改正は、「各議院の総議員の３分の２以上の賛成で、国会が発議し、国民に提案してその承認を経なければならない。」とされている（憲法第96条第１項前段）。

　このように、憲法の改正は、「国会の発議」と「国民の承認」という二つの手続によって成立する。

「国会の発議」とは、国会が憲法改正案を議決し、これによって確定した改正案を国民に提案することをいう。憲法の規定は、この発議のほかに国民への提案という行為が必要であるかのような文言となっているが、この発議、つまり憲法改正案の議決そのものが、改正案の内容を確定し、かつ、これを国民に提案するという意味を含んでいる。

　したがって、殊更に提案のための別個の手続を必要としない。

　国会が憲法の改正を発議するためには、その前提として議案が発案されなければならないが、発案とは、いずれかの議院で改正原案を提出することをいう。この発案は、一つの議院の議員が行い、その議院で審議、議決された

改正案が他の議院に送付され、審議・議決されることになる。

　内閣に憲法改正の発案権があるか否かについては、憲法上明文の規定がないだけに学説上争いがあるが、法律の発案権の場合と同様に、通説はこれを肯定している。すなわち、内閣には、憲法第72条に基づき議案の提出権があるが、憲法改正案はこの議案に含まれる。したがって、内閣にも発案権があることになる。内閣法第5条に憲法改正案の提出権が明記されていないのは、憲法の改正は極めて例外的なものであることから、あえて特記することをせず、「その他の議案」の中に含ませたものと解されている。仮に、内閣に発案権がないとしても、内閣総理大臣は国会議員であり、その他の国務大臣もその過半数は国会議員であるから、内閣が憲法改正を発案したい場合には、国会議員としての資格において改正原案を国会に提出することができるのであるから、この論争は実益に乏しい。

　国会における憲法改正案の審議については、憲法上および国会法上特別の規定がないが、法律案の場合と同様の手続で行われる。すなわち、改正案が発案されたときは、議長は、これを委員会に付託し、その審議を経て本会議に付されることになる。改正案の国会の議決は、衆議院および参議院のそれぞれについて総議員の3分の2以上の賛成を得たときにだけに成立する。したがって、国会の発議は、両議院の意思が完全に一致することが必要で、衆議院の優越は認められていない。総議員というのは、各議院の法定議員数（定数）からそれぞれの欠員を差し引いた現在議員数を意味すると解されている。総議員を定数とすれば、欠員が反対投票に数えられるという不合理が生ずるからである。

2　国民の承認

　憲法の改正は、国会の発議に対する国民の承認によってはじめて成立する。したがって、国民の承認は、憲法改正を決定する行為である。

　この国民の承認には、「特別の国民投票又は国会の定める選挙の際に行われる投票において、その過半数の賛成を必要とする。」と定められているが

（憲法第96条第1項後段）、後者の投票は、その性質上衆議院議員の総選挙や参議院議員の通常選挙のように、全国的に、かつ、同時に行われる選挙の際に行われる投票である。憲法改正を承認するための投票は、憲法が例外的に採用する直接民主制度の一つで、「国民表決」としての性格を有する。「過半数の賛成」とは、総投票数の過半数ではなく、有効投票数の過半数の賛成を意味すると解されている（通説）。

国民投票の実施、効果および無効の訴訟等に関する具体的な手続については、「日本国憲法の改正手続に関する法律」いわゆる国民投票法（平成19年5月18日法律第51号）に定められている。

3　天皇の公布

憲法第96条第2項は、「憲法の改正について前項の承認を経たときは、天皇は、国民の名で、この憲法と一体を成すものとして、直ちにこれを公布する。」と定め、この公布は、内閣の助言によって行われる（憲法第7条第1号）。

天皇の公布は、憲法の改正が国民の承認に基づき確定的に成立したことを形成的に明示する行為で、これによって憲法改正の効力が発生するわけではない。

「国民の名で」というのは、憲法の改正が改正権者である国民の意思によってなされたものであることを明らかにするという趣旨であり、また、「この憲法と一体を成すものとして」とは、改正条項が、現行憲法と結合してその一部を構成し、これと同一の基本原理のうえに立ち、同じ形式的効力を保有することを意味する。

2 憲法改正の限界

憲法改正の限界の有無については、憲法上明文の規定はないが、次に掲げる基本原理は、憲法の根底（基盤）をなすものとして、改正はできないものと解されている（通説）。これらの改正は、憲法の同一性を損い、憲法その

ものの否定（廃止）と同様の結果をもたらすことになるからである。

1　国民主権主義

憲法前文第1段は、国民主権主義の原理を「人類普遍の原理」とし、「これに反する一切の憲法、法令及び詔勅を排除する」と宣言し、憲法第1条は、日本国民に主権が存することを明示している。したがって、国民主権の原則を改正することは許されず、また、国民を憲法の改正権者と定める憲法第96条の規定を改め、国民以外の者を改正権者とする改正も許されない。

2　基本的人権尊重主義

基本的人権について憲法第11条後段は、「この憲法が国民に保障する基本的人権は、侵すことのできない永久の権利として、現在及び将来の国民に与えられる。」と定め、また、憲法第97条は、「この憲法が日本国民に保障する基本的人権は、……現在及び将来の国民に対し、侵すことのできない永久の権利として信託されたものである。」と定めている。したがって、これらの基本的人権の保障を侵害するような規定の改正は許されない。

3　永久平和主義

憲法前文第2段は、永久平和主義を強調し、かつ、憲法第9条第1項において、「国権の発動たる戦争と武力による威嚇又は武力の行使は、国際紛争を解決する手段としては、永久にこれを放棄する。」と定めている。したがって、国際紛争を解決する手段としての戦争、すなわち侵略的な違法な戦争を認めるような改正は許されない。しかし、自衛のための制裁や戦争を永久に放棄しているわけではないから、この点についての改正は可能と思われる。

なお、憲法前文第1段には、「そもそも国政は、国民の厳粛な信託によるものであって、その権威は国民に由来し、その権力は国民の代表者がこれを行使し」とあるように、国家の権力は、民主主義の原理に従って行使しなければならない。したがって、その中核をなす議会制度、すなわち、全国民を代表する選挙された議員によって構成される議会を廃止するような改正は許されない。しかし、両院制を一院制にしたり、内閣の存立を国会（衆議院）

の信任に依存する議院内閣制を改め、より厳格な三権分立主義を採用することは、議会制の廃止にはあたらないから許されるものと解される。ただ、三権を一つの国家機関に集中するような改正は、民主主義の原理に反するものとして許されない。

【模擬問題⑭】

憲法の改正に関する次の記述のうち、正しいものはどれか。
(1) 憲法の改正には限界があり、その基本原理について改正することができないとするのが通説である。
(2) 憲法改正に対する国民の承認については、国民投票においてその3分の2以上の賛成を得なければならない。
(3) 憲法改正の発議について、参議院が衆議院と異なった議決をしたときは、衆議院の議決が国会の議決となる。
(4) 憲法改正の発議は、各議院の出席議員の3分の2以上の賛成を必要とする。
(5) 憲法の改正について国民の承認を経たときは、天皇の名で直ちに公布される。

【模擬問題⑭】

次の事項のうち憲法改正を必要としないものはどれか。
(1) 参議院の半数改選制を廃止し、全議員を同時に改選するようにすること。
(2) 衆議院議員の任期を延長すること。
(3) 弾劾裁判所の裁判員の半数を学識経験者とすること。
(4) 両議院の委員会の議事の表決数を出席議員の3分の2以上とすること。

(5) 各議院が、資格争訟の裁判において議員の議席を失わせる場合の会議の定足数を、各議院の総議員の4分の3以上とすること。

【模擬問題⑭】

次の記述は、憲法改正の発案権について述べたものであるが、誤っているものはどれか。

(1) 憲法改正の発案権は、法律案の場合と同様に内閣にもある。
(2) 憲法改正の発案権は、国会議員の専権である。
(3) 憲法改正の発案権自体については、憲法第96条第1項に規定されていない。
(4) 憲法改正の発案とは、改正原案をそれぞれの議院に提出することである。
(5) 憲法の改正に関する内閣の発案権を認めても、国会の発議および国民投票について、国会や国民の自主性を害するおそれはない。

【模擬問題⑭】

憲法改正の国会発議に関する次の記述のうち、誤っているものはどれか。

(1) 憲法改正の発議については、両院の地位は対等である。
(2) 参議院の緊急集会において、憲法改正の発議をすることはできない。
(3) 憲法改正の発議には、衆議院および参議院のそれぞれの総議員の3分の2以上の賛成を必要とする。
(4) 総議員とは、法律で定められた定員数を指す。
(5) 憲法改正の発議については、両議院の意思の一致が必要である。

第10部　憲法の改正および憲法の最高法規性

【模擬問題⑭】

　次の記述は、憲法の改正に対する国民の承認に関するものである。誤っているものはどれか。

(1)　国民の承認は、特別の国民投票または国会の定める選挙の際行われる投票によって示される。

(2)　憲法の改正は、国会の発議に対する国民の承認によってはじめて成立する。

(3)　承認が得られるためには、国民投票の過半数の賛成を必要とする。

(4)　特別の国民投票は、憲法改正のために特別に行われる国民投票で、内閣によって定められる。

(5)　国会の定める選挙の際行われる投票は、その性質上、衆議院議員の総選挙や参議院議員の通常選挙のように、全国的に、かつ、同時に行われる選挙であることが必要である。

【模擬問題⑭】

　次の事項のうち、憲法改正によって改めることができるものはどれか。

(1)　国民主権主義

(2)　基本的人権尊重主義

(3)　国際紛争を解決する手段としての戦争の放棄

(4)　民主主義の原理

(5)　国会の両院制

〔2〕 憲法の最高法規性

1 基本的人権の本質と憲法の最高法規性の根拠

　憲法第97条は、「この憲法が日本国民に保障する基本的人権は、人類の多年にわたる自由獲得の努力の成果であって、これらの権利は、過去幾多の試練に堪え、現在及び将来の国民に対し、侵すことのできない永久の権利として信託されたものである。」と規定する。この規定は、基本的人権の重要性と普遍性（不可侵性）を明らかにすることにより、憲法が最高法規であることの根拠を示したものである。

2 憲法の最高法規性の宣明とその保障

　憲法第98条第1項は、「この憲法は、国の最高法規であって、その条規に反する法律、命令、詔勅及び国務に関するその他の行為の全部又は一部は、その効力を有しない。」と規定する。この規定は、憲法第97条によって根拠づけられた憲法の最高法規性を端的に宣明したもので、これを担保（保障）する制度あるいは手段として、裁判所の違憲審査権（憲法第81条）、憲法改正の厳格な手続（憲法第96条）および公務員等の憲法尊重擁護義務（憲法第99条）がある。

　このほか、憲法第98条第1項の規定は、経過規定としての役割をもっている。すなわち、日本国憲法施行の際に存する明治憲法下の法律、命令などが、日本国憲法の条規に反するものはその効力を失い、反しないものは引続き効力を有することを認めている（最高裁昭和23年6月23日判決）。「その条規に反する」とは、①法令等の形式が憲法の定める形式によらない場合、②法令等の制定手続が憲法の定める形式によらない場合、③法令等の内容が憲法に反する場合の三つの場合がある。

3 条約および確立された国際法規の遵守

　憲法第98条第2項は、「日本国が締結した条約及び確立された国際法規は、これを誠実に遵守することを必要とする。」と規定する。この規定は、憲法前文第3段の国際協調主義の原則を確認するものである。国際法である条約と国内法である法律とは次元を異にするが、この規定を根拠として、条約には、国内法的な効力が認められ、また、条約の締結が国会の承認を要することから、条約は法律に優位するという条約優位説がとられている。問題となるのは、憲法と条約との効力関係であるが、特に両者が抵触した場合に、いずれを優先させるべきかについて説が分かれる。憲法優先説が通説的見解である。

1　条約優位説

　この説の根拠としては、①憲法前文が国際協調主義を採用していること、②憲法第81条の違憲審査権の対象に条約が除外されていること、③憲法第98条第1項も条約を除外して、単に法律、命令、詔勅および国務に関するその他の行為に対してのみ憲法の最高法規性を主張し得るにとどまっていることなどがあげられる。

2　憲法優位説

　この説の根拠としては、①条約の締結・承認権は憲法に基づくものであり、締結権者である内閣および承認者である国会は、憲法に違反する条約を締結または承認することはできないと解されること、②条約優位説をとれば、条約の締結・承認によって、厳格な改正手続を必要とする憲法の修正が法律と同様になされる結果となること、③憲法の国際協調主義も、一般的に条約を憲法に優位することまで容認するものでないことなどがあげられる。なお、条約優位説は、条約が憲法第81条の違憲審査権の対象にあげられていないことを条約優位の根拠としているが、条約は、外国との合意によって成立するという特殊性を有し、違憲とされても国内法的な効力が失われるにとどまる

からであって、憲法が条約に対する違憲審査の可能性をすべて否定する趣旨ではないと解される。ちなみに最高裁判所が、砂川事件判決において、旧安保条約に対し、高度の政治性を有するものであるから、極めて明白に違憲と認められない場合には、憲法判断をすべきでないとしていることは、条約の審査の可能性を前提としたものと解される。

【模擬問題⑮】

憲法の最高法規性に関する次の記述のうち、誤っているものはどれか。

(1) 条約は裁判所の違憲審査権の対象となっていない。したがって、条約は憲法に優位すると解される。
(2) 憲法の最高法規性を保障するものとして憲法改正の厳格な手続がある。
(3) 憲法は条約に優位する地位にあるというのが通説である。
(4) 憲法の最高法規性を保障するものとして、裁判所の違憲審査権がある。
(5) 国際協調主義は、憲法に対する条約の優位性の根拠となり得ない。

模擬問題の解答

【模擬問題①】
(3)

【模擬問題②】
(5)

【模擬問題③】
(5)

【模擬問題④】
(4)

【模擬問題⑤】
(2)

【模擬問題⑥】
(1)

【模擬問題⑦】
(2)

【模擬問題⑧】
(4)

【模擬問題⑨】
(3)

【模擬問題⑩】
(5)

【模擬問題⑪】
(2)

【模擬問題⑫】
(3)

【模擬問題⑬】
(4)

【模擬問題⑭】
(3)

【模擬問題⑮】
(4)

【模擬問題⑯】
(2)

【模擬問題⑰】
(5)

【模擬問題⑱】
(4)

【模擬問題⑲】
(4)

【模擬問題⑳】
(4)

【模擬問題㉑】
(3)

【模擬問題㉒】
(2)

【模擬問題㉓】
(3)

【模擬問題㉔】
(2)

【模擬問題㉕】
(5)

【模擬問題㉖】
(2)

【模擬問題㉗】
(4)

【模擬問題㉘】
(4)

【模擬問題㉙】
(5)

【模擬問題㉚】
(2)

【模擬問題㉛】
(4)

【模擬問題㉜】
(3)

【模擬問題㉝】
(3)

【模擬問題㉞】
(3)

【模擬問題㉟】
(5)

【模擬問題㊱】
(5)

【模擬問題㊲】
(4)

【模擬問題㊳】
(2)

【模擬問題㊴】
(1)

【模擬問題㊵】
(1)

【模擬問題㊶】
(4)

【模擬問題㊷】
(2)

【模擬問題㊸】
(3)

【模擬問題㊹】
(3)

【模擬問題㊺】
(3)

【模擬問題㊻】
(5)

【模擬問題㊼】
(1)

【模擬問題㊽】
(3)

【模擬問題㊾】
(2)

【模擬問題㊿】
(2)

【模擬問題㊿1】
(4)

【模擬問題㊿2】
(3)

【模擬問題㊿3】
(4)

【模擬問題㊿4】
(1)

【模擬問題㊿5】
(2)

【模擬問題㊿6】
(5)

【模擬問題㊿7】
(5)

【模擬問題㊿8】
(4)

【模擬問題㊿9】
(3)

【模擬問題㊿60】
(5)

【模擬問題㊿61】
(5)

【模擬問題㊿62】
(5)

【模擬問題㊿63】
(2)

【模擬問題㊿64】
(2)

【模擬問題㊿65】
(5)

【模擬問題㊿66】
(4)

【模擬問題㊿67】
(2)

【模擬問題㊿68】
(2)

【模擬問題㊿69】
(4)

【模擬問題㊿70】
(2)

【模擬問題㊿71】
(2)

【模擬問題㊿72】
(5)

【模擬問題㊿73】
(4)

【模擬問題㊿74】
(5)

【模擬問題㊿75】
(2)

【模擬問題㊿76】
(3)

【模擬問題㊿77】
(1)

【模擬問題㊿78】
(3)

解答

【模擬問題㉙】
(5)

【模擬問題㉚】
(3)

【模擬問題㉛】
(3)

【模擬問題㉜】
(3)

【模擬問題㉝】
(2)

【模擬問題㉞】
(3)

【模擬問題㉟】
(3)

【模擬問題㊱】
(5)

【模擬問題㊲】
(3)

【模擬問題㊳】
(3)

【模擬問題㊴】
(3)

【模擬問題㊵】
(4)

【模擬問題㊶】
(2)

【模擬問題㊷】
(4)

【模擬問題㊸】
(3)

【模擬問題㊹】
(3)

【模擬問題㊺】
(3)

【模擬問題㊻】
(3)

【模擬問題㊼】
(4)

【模擬問題㊽】
(3)

【模擬問題㊾】
(3)

【模擬問題㊿】
(3)

【模擬問題(99)】
(3)

【模擬問題(100)】
(3)

【模擬問題(101)】
(1)

【模擬問題(102)】
(5)

【模擬問題(103)】
(5)

【模擬問題(104)】
(2)

【模擬問題(105)】
(5)

【模擬問題(106)】
(3)

【模擬問題(107)】
(2)

【模擬問題(108)】
(2)

【模擬問題(109)】
(3)

【模擬問題(110)】
(4)

【模擬問題(111)】
(2)

【模擬問題(112)】
(2)

【模擬問題(113)】
(1)

【模擬問題(114)】
(5)

【模擬問題(115)】
(2)

【模擬問題(116)】
(3)

【模擬問題(117)】
(5)

295

【模擬問題⑱】
(2)

【模擬問題⑲】
(1)

【模擬問題⑳】
(4)

【模擬問題㉑】
(5)

【模擬問題㉒】
(4)

【模擬問題㉓】
(5)

【模擬問題㉔】
(4)

【模擬問題㉕】
(5)

【模擬問題㉖】
(4)

【模擬問題㉗】
(3)

【模擬問題㉘】
(4)

【模擬問題㉙】
(5)

【模擬問題㉚】
(4)

【模擬問題㉛】
(3)

【模擬問題㉜】
(1)

【模擬問題㉝】
(5)

【模擬問題㉞】
(4)

【模擬問題㉟】
(1)

【模擬問題㊱】
(3)

【模擬問題㊲】
(3)

【模擬問題㊳】
(4)

【模擬問題㊴】
(4)

【模擬問題㊵】
(2)

【模擬問題㊶】
(3)

【模擬問題㊷】
(4)

【模擬問題㊸】
(5)

【模擬問題㊹】
(1)

【模擬問題㊺】
(4)

【模擬問題㊻】
(2)

【模擬問題㊼】
(4)

【模擬問題㊽】
(4)

【模擬問題㊾】
(5)

【模擬問題㊿】
(1)

INDEX 索引

●あ行

アクセス権（反論権）	P73
朝日訴訟	P118
委員会の会議	P176
委任命令（政令）	P225
違憲審査権	P239
違憲判決の効力	P249
違憲立法審査権	P247、P248
違憲立法審査権の趣旨	P247
一時借入金	P259
一事不再議の原則	P175
一事不再理の原則	P108
一年税主義	P258
一定期間の登院停止	P169、P197
一般質問	P167
一般的効力説	P249
いわゆる政治スト	P125
院外における現行犯	P196
永久税主義	P258
栄典	P34
押収	P98
「公の支配」に属する事業	P264
恩赦	P33、P225

●か行

会期	P173
会議	P176
会議公開の原則	P176
会期中	P168
会期の延長	P173、P193
会議の記録の保存、公表等	P176
会期の決定	P193
会期不継続の原則	P173
会議録	P176
会計検査院	P210、P261
会計検査院の検査官の任命に対する同意	P163
戒告	P197
外国移住の制約	P84
外国人の出入国	P84
外国人の傭人契約	P259
外国に移住する自由	P84
解散権の限界	P178
解散制度	P162
解散の効果	P177
解散の根拠	P178
海難審判	P238
下級裁判所	P238
閣議	P217
閣議決定	P217
閣議の主宰権	P216
閣議報告	P217
閣議了解	P217
「学生管理の自治」	P80
拡張解釈	P95
各別の令状	P98
学問上の地方公共団体	P270
「学問の自由」	P78
学問の自由の限界	P80
家庭裁判所	P240
過半数の賛成	P285
川崎民商事件	P99
簡易裁判所	P240
環境権	P118
間接的参政権	P56、P141
官吏	P224
官吏に関する事務	P224
議院規則の制定権	P197
議院証言法	P199
議院内閣制	P210
議院の権能	P185
議員の資格に関する争訟	P196
議員の資格に関する争訟の裁判権	P196
議決の定足数	P174
議決の方法（表決）	P175
儀式	P34
議事機関	P272
議事の定足数	P174
規則	P248
規則制定権	P239
議定書	P223
基本的人権	P14
基本的人権尊重主義	P14
基本的人権の特性	P51
義務教育の無償	P121
休会	P174
宮廷費	P37
教育委員会規則	P274
教育を受ける権利	P116、P119
教育を受ける権利の法的性格	P119
教育権	P120
「教育の自由」	P79
教科書検定	P76
強制	P106
行政権	P209

行政権の行使	P227	憲法改正、法律、政令および条約の公布	P31
行政手続	P95	憲法改正の限界	P285
行政の監督に関する権能	P193	憲法改正の発議	P189
行政の執行	P273	憲法上の地方公共団体	P270
強制労働	P93	憲法第38条第1項と消防法第4条第1項	
協定	P223	等との関係	P104
脅迫	P106	憲法とは	P11
協約	P223	憲法の改正	P283
協約憲法	P12	憲法の最高法規性	P290
漁業水域	P20	憲法優先説	P291
「居住・移転の自由」	P83	公安条例	P69
居住・移転の制約	P83	広域の道州制	P271
緊急質問	P167	皇位継承の原因	P30
緊急集会	P179	皇位継承の資格	P30
緊急集会権	P162	皇位継承の順序	P30
緊急集会でとられた措置の効力	P180	皇位の継承	P28、P29
緊急集会における参議院の権能	P179	公開	P176、P253
緊急集会の召集手続	P179	公開議場での戒告	P169
緊急集会の要件および手続	P179	公開議場での陳謝	P169
近代的意義の憲法	P11	公開裁判	P101
欽定憲法	P12	公共の福祉	P53
勤労者	P123	皇居外苑使用不許可事件判決	P70
勤労条件の法定	P122	拘禁	P97、P136
勤労の義務	P121、P152	公債の発行	P259
勤労の権利	P116、P121	皇室経費の議決	P192
勤労の権利の法的性格	P122	皇室財産	P37
具体的権利説	P117	皇室裁判所	P238
国が債務を負担する	P192	皇室の費用	P37
国の債務負担	P259	公衆衛生	P117
君主国体	P21	硬性憲法	P12
軍法会議	P238	公正取引委員会	P210
経済的強者	P122	公正取引委員会の審決	P238
経済的弱者	P122	交戦権	P46
形式的意義の憲法	P11	皇族費	P37
刑事手続法定主義	P94	後天的取得	P23
刑事補償請求権	P135	高等裁判所	P240
刑の執行の免除	P33	口頭弁論手続	P253
刑罰の不そ及（そ及処罰の禁止）の原則	P107	公の弾劾	P190
決算	P226、P261	公判手続	P253
決算の審査	P192、P257、P261	公表	P176
結社	P68	幸福追求権	P56
検閲	P75	公平委員会規則	P274
憲法改正承認の国民投票	P146	公務員	P142
減額修正	P260	公務員個人の賠償責任	P135
減刑	P33	公務員の基本的人権の制限	P58
健康で文化的な最低限度の生活	P116	公務員の選定・罷免権	P142
現行犯逮捕	P96	公務員の特別権力関係	P57

索引

公務員の労働基本権に対する制限	P125
拷問	P106、P109
勾留	P136
勾留・鑑定留置	P97
拘留理由開示制度	P97
国際協調主義	P291
国際紛争を解決する手段としての戦争	P44
国事行為以外の行為	P36
国事行為以外の天皇の行為の責任	P35
国事行為の代行	P35
国事行為の要件	P34
国事に関する行為	P30
国政	P198
国政調査権	P197
国政調査権に応ずる義務	P199
国政調査権の主体	P198
国政調査権の範囲および限界	P198
国政調査権の本質	P198
国政調査の方法	P198
国政に関する権能	P30
国籍の取得	P22
国籍の喪失	P24
国籍の喪失および離脱の要件	P85
国籍離脱の自由	P85
国体	P21
国費の支出	P192、P259
国費の支出および国の債務負担行為の議決	P192
国費の支出および国の債務負担についての議決	P257
国民	P20、P22
国民主権主義	P13
国民審査制	P239
国民投票法	P189、P285
国民の一般的・基本的義務	P151
国民の個別的義務	P151
国民の承認	P283
国民の代表機関	P159
国民の名で	P285
国民の要件	P22
国民表決	P285
国民教育説	P120
国務大臣	P213
国務大臣の権限	P216
国務大臣の出席	P175
国務大臣の出席要求権	P199
国務大臣の地位	P216
国務大臣の任免	P215
国務を総理する	P223
国家	P20
国会議員の総選挙	P32
国会議員の地位	P166
国会議員の地位の独立性	P166
国会議員の特権	P168
国会と裁判所との関係	P19
国会と内閣との関係	P18
国会の会期	P173
国会の会期の延長	P163
国会の議決	P257
国会の議事手続	P174
国会の休会	P174、P193
国会の権能	P185
国会の召集	P32、P173
国会の内部的な運営・組織に関する権能	P193
国会の発議	P189、P283
国家教育説	P120
国家公安委員会	P210
国家賠償法	P134
国権の最高機関	P157
国権の発動たる戦争	P43
この憲法と一体を成すものとして	P285
個別的効力説	P249
固有権説	P269
固有の意義の憲法	P11
罪刑法定主義	P95

●さ行

最高裁判所	P239
最高裁判所裁判官	P239
最高裁判所裁判官国民審査法	P145
最高裁判所裁判官の国民審査	P145
最高裁判所長官	P239
最高裁判所長官の任命	P31
生産管理による争議行為	P125
財産権	P89
財産権の制限と正当な補償	P90
財産権の内容	P90
財産権の不可侵	P89
財産の管理	P273
財政	P257
財政状況の報告	P263
財政状況の報告の受理	P193、P257
財政処理の基本原則	P257
財政の処理	P257
最低賃金法	P122

299

裁判官の懲戒処分	P243	司法官憲	P96
裁判官の定年	P244	司法権	P233
裁判官の任期	P244	司法権の独立	P242
裁判官の罷免	P243	司法権の範囲	P233
裁判官の報酬等	P244	司法権の優越	P247
裁判公開の原則	P253	事務総長	P197
裁判所	P134	事務の処理	P273
裁判を受ける権利	P133	社会権	P55、P116
歳費	P170	社会福祉	P117
歳費その他の便益を受ける特権	P169	社会保障	P117
差押	P98	集会	P68
参議院議員の任期	P162	集会・結社の自由	P68
参議院規則	P197	衆議院議員の任期	P162
参議院の緊急集会	P161、P187	衆議院規則	P136、P197
参議院の緊急集会における議決	P187	衆議院の解散	P32、P177
参議院の閉会	P177	衆議院の再議決	P186
参議院のみが有する権能	P200	衆議院のみが有する権能	P200
残虐刑の禁止	P109	衆議院の優越	P201
残虐な刑罰	P109	衆議院の優越性	P162
三権分立主義	P18、P157	衆議院の予算先議権	P162
参政権	P56、P141	住居	P98
暫定予算	P260	宗教上の結社	P65
自衛権	P45	宗教上の行為の自由	P65
自衛のために必要な最小限度の自衛力	P45	自由権	P54
資格	P196	終審裁判所	P239
資格を有する弁護人	P103	自由選挙	P142
事件性	P234	自由投票	P142
施行の公示	P32	住民自治	P269
自己に不利益な供述	P104	受益権	P55、P133
子女に教育を受けさせる義務	P152	取材の自由	P72
自制説	P235	首長	P214
「施設の管理（施設の管理の自治）」	P80	出席議員	P175
思想・良心	P62	主任の大臣	P213
思想・良心の自由の絶対性	P63	準現行犯	P96
自治行政権	P273	常会	P173
自治事務	P273	消極目的規制	P87
地鎮祭に対する公金の支出	P263	召集	P173
質疑権	P167	少数意見報告権	P167
執行命令（政令）	P225	象徴	P27
実質的意義の憲法	P11	常任委員長	P197
実質的解散権	P177	証人喚問権	P102
質問権	P167	証人審問権	P102
児童酷使の禁止	P122	承認説	P270
児童福祉法	P122	条約	P188、P223
自白強要の禁止	P106	条約憲法	P13
自白と補強証拠	P106	条約の承認	P163、P188
自白排除の法則	P106	条約の締結	P188、P224

条約優位説	P291	選挙権の性格	P141
条例	P274	接受	P34
条例制定権の限界	P275	選挙権	P144
条例制定権の根拠	P275	選挙権および被選挙権	P144
条例制定権の範囲	P274	選挙権および被選挙権の資格要件	P144
条例制定権の範囲	P274	選挙の基本原則	P141
条例により規制できる事項	P274	全権委任状	P33
職業選択の自由	P86	専制政体	P21
職業選択の自由に対する規制の態様	P88	先天的取得	P22
職業の自由に対する制約	P87	増額修正	P260
除名	P169、P197	総議員	P174
書類及び所持品	P98	相互独立の原則	P200
自律的解散	P177	捜索	P98
知る権利	P73	総辞職後の職務の執行	P219
信教の自由	P64	総辞職の要件	P218
信仰	P65	争訟性	P234
信仰の自由	P65	総選挙の実施	P177
審査権の主体	P248	租税	P258
人事委員会規則	P274	租税の法定	P191
人事院	P210	租税法律主義	P192、P257、P258
人事管理（人事の自治）	P79	租税法律主義の原則	P153
人身の自由	P93	その意に反する苦役	P93
人身保護法	P97	その能力に応じて	P119
迅速な裁判	P100	損害賠償請求権	P134
侵入	P98		
信任決議案の否決権	P162	●た行	
信任決議の否決	P227	代位責任	P135
信任状	P33	大学の自治	P79
砂川事件判決	P292	大赦	P33
請願	P136	対審	P101、P253
税関検査	P76	「逮捕」	P96
請願法	P136	逮捕	P168
政教の分離	P65	逮捕・勾引に伴う留置	P97
政治活動の制限の合憲性	P58	弾劾裁判参加権	P167
誠実	P223	弾劾裁判所	P191
政治的責任	P210、P227	弾劾裁判所の設置	P190
生存権	P116	団結権	P123
政体	P21	団体交渉権	P123
制定	P224	団体行動権（争議権）	P123
政党内閣制	P210	団体自治	P269
正当な補償	P91	地方公共団体	P270
正当な理由	P199	地方公共団体の種類	P271
制度的保障説	P270	地方裁判所	P240
成文憲法	P12	地方自治権の本質	P269
責任を負う	P227	地方自治の基本原則	P269
世襲主義	P29	地方自治の本旨	P269
積極目的規制	P87	地方特別法における住民投票	P187

地方特別法の住民投票	P146	内閣総理大臣の指名	P163、P190
中央労働委員会	P210	内閣総理大臣の地位	P214
抽象的権利説	P117	内閣総理大臣の任命	P31
懲罰	P197	内閣と裁判所との関係	P19
直接選挙	P142	内閣の固有の権限	P223
直接的参政権	P56、P141	内閣の成立	P218
陳謝	P197	内閣の総辞職	P218
「通信」	P76	内閣不信任決議	P227
「通信の秘密」	P76	内閣不信任決議案の可決権	P162
通信傍受法	P76	内在的制約説（本質説）	P236
津地鎮祭事件判決	P66	内廷費	P37
デュー・プロセス・オブ・ロー	P94	軟性憲法	P12
電気事業および石炭鉱業における争議行為	P125	新潟県公安条例事件判決	P69
天皇による法律の公布	P188	二院制（両院制）	P161
天皇の権能	P30	二院制の存在理由	P161
天皇の国事行為	P31	二重処罰禁止の原則	P108
天皇の国事行為についての責任	P35	20世紀的な権利	P116
伝聞証拠	P102	二重の基準論	P54
伝聞法則	P102	認証	P32
同一の犯罪	P108	認証官	P33
東京都公安条例事件判決	P69	納税の義務	P152
統治権	P20		
統治行為	P235		●は行
統治行為に属する事項	P236	発議権	P167
統治行為の理拠	P235	発言・表決の免責特権	P168
道路交通取締法事件違反判決	P70	判決	P253
討論権および表決権	P167	犯則事件調査	P99
特赦	P33	反対尋問権	P102
特別会	P173	判例上の地方公共団体	P270
特別会の召集	P177	比較衡量の基準	P75
特別帰化	P23	被疑者補償規程	P136
特別裁判所	P234、P238	批准	P34
特別職の公務員の人事に関する権能	P193	被選挙権	P144
特別地方公共団体	P271	ひとしく	P119
特別の犠牲	P90	秘密会の開催権	P199
独立行政委員会	P210	秘密選挙	P142
土地建物賃借契約	P259	秘密投票	P142
特許審判	P238	表現の自由	P72
特許制	P87	表現の自由に対する制約	P74
都道府県公安委員会規則	P274	表現の自由の地位	P74
取決め	P223	平等選挙	P142
奴隷的拘束	P93	副議長、仮議長	P197
		不逮捕特権	P168
	●な行	普通帰化	P23
内閣	P209	普通教育	P121、P152
内閣官制	P209	普通選挙	P141、P143
内閣総理大臣の権能	P214	普通選挙および投票秘密の保障	P143

索引

普通地方公共団体	P271
復権	P33
不文憲法	P12
不法な逮捕からの自由	P96
不法な抑留・拘禁からの自由	P97
不利益供述拒否権	P104
武力	P43
武力による威嚇	P43
武力の行使	P43
プログラム規定	P235
プログラム規定説	P117
文民	P213
文民統制	P213
平和主義	P15
弁護人依頼権	P103
包括的人権	P56
「傍受」	P76
法定主義	P29
法定受託事務	P273
報道の自由	P72
法の下の平等（平等権）	P56
法律	P224、P242、P248
法律案の議決	P163、P186
法律案の審議	P186
法律案の発議	P185、P185
法律上の争訟	P234
法律の定めるその他の外交文書	P34
法律の定める手続	P94
法律の執行	P223
法律の単独議決の権能	P200
暴力を伴う団体交渉と争議行為	P124
法令	P275
補償の請求	P91
補助契約	P259
補弼	P209、P214
本会議における定足数	P174

●ま行

マッカーサー草案	P16
民主国体	P21
民定憲法	P12
無罪の裁判を受けたとき	P136
無任所大臣	P213
明確性の基準	P74
「明白、かつ、現在の危険」の基準	P75
命令	P248
明治憲法	P16

黙秘権	P104

●や行

役員の選任権	P196
唯一の立法機関	P158
抑留	P97、P136
予算	P260
予算修正の限界	P260
予算の議決	P163、P191、P257
予算の発案権	P260
予備費	P226、P260
予備費の議決	P192、P257
予備費の支出	P260
予備費の支出の承諾	P257
「より制限的でない（きびしくない）規制手段選択」の基準	P75

●ら行

利益衡量論	P54
立憲政体	P21
立法	P158
立法機関	P272
留置	P136
領域	P20
両院協議会	P202
両院協議会規則	P197
領海	P20
領海及び接続水域に関する条約	P20
両議院の権能	P196
領空	P20
良心	P242
領置	P98
臨時会	P173
臨時会・特別会の会期の決定	P163
臨時会の召集	P226
類推解釈	P95
令状	P96
連帯して	P227
労働安全衛生法	P122
労働基準法	P122
労働基本権	P123
労働基本権の制限	P124
労働基本権の制限の合憲性	P58
労働基本権の法的性格	P124
労働協約	P123
労働三権	P123
労働者	P123

著者略歴　関　東一（せき　とういち）

茨城県日立市出身
中央大学法学科卒
消防大学校客員教授
元・茨城大学講師
日本公法学会（行政法部会）会員

＜主な著書および執筆書＞

（著書）
「消防行政法要論」東京法令出版　　　　　「消防活動の法律知識」近代消防社
「消防措置命令の解説」東京法令出版　　　「立入検査の法律知識」近代消防社
「消防法令解釈の基礎」東京法令出版　　　「火災予防違反処理の基礎」近代消防社
「消防官のための　やさしい行政法入門」近代消防社　　「救急・救助業務の法律知識」近代消防社
「第二版消防法の研究」近代消防社　　　　「新版消防刑法入門」近代消防社
「消防関係行政・刑事判例の解説」近代消防社　　「消防官のための　刑事訴訟法入門」近代消防社
「防火管理責任の基礎」近代消防社

（執筆書）
「火災予防査察便覧第１編・第５編」東京法令出版　　「査察執行要領第１編（理論編）」東京法令出版
「違反処理関係行政実例集」東京法令出版　　　　　　「消防判例の要点」近代消防社
「予防査察の要点」近代消防社　　　　　　　　　　　「消防作用法第５章～第７章」ぎょうせい

編集・著作権及び
出版発行権あり
無断複製転載を禁ず

消防官のための
憲　法　入　門
【消防昇任試験対策　模擬問題150問付】

定価（本体2,500円＋税）
（送料実費）

著　者　関　東一　Ⓒ 2014 Toichi Seki

発　行　平成26年３月10日（初版）

発行者　近　代　消　防　社
　　　　三　井　栄　志

発行所

近　代　消　防　社

〒105－0001　東京都港区虎ノ門2丁目9番16号
（日本消防会館内）
TEL　東京（03）3593－1401㈹
FAX　東京（03）3593－1420
URL　　http://www.ff-inc.co.jp
E-mail　kinshou@ff-inc.co.jp
〈振替　00180－6－461　　　00180－5－1185〉

ISBN978-4-421-00836-4 C1032〈乱丁・落丁の場合はお取替え致します。〉